Notas filosóficas sobre
《Oráculo Manual y Arte de Prudencia》

[illegible]讀智慧書

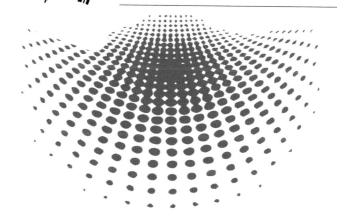

劉名菡 編著

前言

高爾基說：「書籍是人類進步的階梯。」書籍是人類智慧的載體，哲人把對時空、生命的思考融入其中，智者將他對社會和現實的看法書寫出來，科學家將他對宇宙、世界的種種層面以理性的資料展現在世人面前。有關歷史、現在、未來的一切，都以書籍當作載體和媒介。書籍為世人提供大量可供借鑒的知識，人們透過書籍進行學習和實踐，實現人生的目標，改變庸庸碌碌的生活，甚至改變全體人類的命運。

在資訊有限的古代社會中，人們經由讀書了解聖賢的思想，並由此確立自身為人處世的準則。許多書經過千百年的時光流傳至今，依然被奉為經典，因為這些書中有大量鮮活且充滿智慧的故事、箴言和為人處世的哲學等，具有極其重要的指標意義。然而，人類的生命畢竟有限，即便窮盡一生，所閱之書不過是冰山一角。因此，人們在讀書上必將有所取捨。

近代西方學者認為，在人類思想史上具有永恆價值的智慧奇書有三部，即《智慧書》、《君主論》、《孫子兵法》。這三部書之所以受到學者的關注，在於其提供大量有關立身處世、從政經營的智慧。古希臘先哲蘇格拉底留給世人一句至理名言：「沒有經過反思的人生是毫無意義的。」而這三部奇書，恰恰是對人生、對生活的深切反思和總結，涉及人性、社會的各個層面，包羅萬象，智語橫空，奧義非凡。

《智慧書》為耶穌會教士巴爾塔沙‧葛拉西安所撰。由三百條箴言警語構成，講述審慎、自制、修德、勤奮的重要性。這部處世經典充滿知人觀事、談吐行動的策略，使人熟諳明慎之道，漸入佳境，向臻於完美前進。

犀利、尖銳又睿智的語言風格，是《智慧書》最大的特點。人們可以看到葛拉西安冷峻的視角有多麼獨到，他細緻地告訴人們如何戰勝尷尬、克服與生俱來的缺陷，告訴人們如何快速、安穩地應對困境與邪惡。他的人生格言，既適用於生活，又適用於工作。德國哲學家叔本華曾將《智慧書》譯成德文，並盛讚此書「絕對的獨一無二」。西方現代哲學開創者尼采讚揚此書在論述道德的奧妙上，可問鼎全歐洲的書籍──「葛拉西安的人生經驗，顯示出今日無人能比的智慧與穎悟」。

《智慧書》被當今世人尊為遊刃於塵俗的文學瑰寶，可作為人們日常生活的手邊書。在資訊急速膨脹的現代社會中，讀書的重要性不言而喻，這不僅在拓寬自己的視野，更是充實自己有限的時光。讀書必定要讀好書、讀精書，《智慧書》在漫長的人類歷史上留下如此輝煌的紀錄，它將人類的思想挖掘得如此透徹，正是我們讀書的最佳選擇。

本書特選《智慧書》的精華內容，結合歷史、現實生活的實例，加以深刻解讀，將其中有關修身處世的智慧精髓盡數提取出來，與時人共用共勉，我們做不到聖賢者那樣有大智慧，但我們可以做到透過聖賢的智慧來反思自己，悟出生命本來的面目。

目錄

PART 2 剛柔並濟的善良力量

PART 3 你的努力正在逐漸增加你的潛力

PART 4 天才背後，除了天賦還有耕耘

PART 5 成功，從斟酌點滴開始

PART 6 自然而然的友情，才是最好的距離

滿懷入世熱忱的耶穌會教士巴爾塔沙・葛拉西安對人類的種種不智之舉深惡痛絕，是以向世人貢獻了他的思想結晶——《智慧書》。書中極言人有臻於完美的可能，只要佐以技巧，審慎睿智。他提醒人們當警覺、自制、勤奮、有自知之明，並懂得明慎之道，所以書中盡是知人觀事、判斷、行動的箴言及策略。拋開書中的神學觀不談，在這些箴言警句中，我們能得到立身處世、周旋塵境的切實可行之法，如果能依其言學其成，則必定會安身立命、有所成就。

關於精神道德之微妙，歐洲尚無比此更縝密、精準的內容。

——尼采

PART I

性格決定人生際遇

如果你喜歡保持你的性格，那麼，
你就無權拒絕你的際遇。
掙脫束縛天賦的性格牢籠，
以魅力和禮貌獲取世人好感，
以真誠換取永恆的名譽，
你將會散發出無比高雅的氣質，
擁有迷人的魅力。
世界上那些廣受歡迎的大人物，
都是將天賦和美好的修養牢牢結合的聰明人。

Character and Intellect
性格與才智

Character and intellect: the two poles of our capacity; one without the other is but halfway to happiness. Intellect sufficeth not, character is also needed. On the other hand, it is the fool's misfortune, to fail in obtaining the position, the employment, the neighbourhood, and the circle of friends that suit him.

人類天賦的天平兩端，正是性格與才智，唯有同時憑藉兩者，天賦才能完全發揮。若僅依靠其一，都將半途而廢。光靠才智無法成就大事，還必須具有一副適切的性格。愚人之所以失敗，在其行事總未能顧及自身所在的環境、定位及周遭人際關係。

> 性格源自於完成日常事務的偉大過程之中。

小心性格的陷阱

凡欲使其天賦得到自然發揮者，必須憑藉其性格與聰明。若只依靠其中一個，只能獲得一半的成功。光靠聰明無法成就大事，還須具備一個適合自己的聰明性格。愚人之所以失敗，在於其行事不顧及自身具體的條件、地位、出身及朋友關係。

世界上聰明的人很多，但能做到「不愚蠢」的人卻很少。不管人有多麼聰敏靈秀，在性格上都會有一些小小的缺陷。有些人能以理性和意志力來掩飾並支配自己的命運，而有些人卻是被自己的性格牽著走，不顧及周圍的人事物，最終失去對行為的自主權與控制權，飽受命運宰割。這兩種人的人生，從此便出現了天壤之別。

當人生發生悲劇的改變，歸根究柢往往是「性格」上的悲劇，一個人的性格、氣質、見識，既成就了他的豐功偉業，也造成了他的人生悲劇，尤其是面對挫折與挑戰時，其性格缺陷更是瞬間暴露無遺。無論是居魯士、凱撒、拿破崙、克倫威爾，還是中國的帝王能臣，他們或許英勇無敵、治國有方，但往往因剛愎自用或太過自負而失敗。

第二次世界大戰期間，出現許多傑出的人物，麥克阿瑟就是一位眾所皆知的傑出將軍。美國前總統尼克森曾如此評價麥克阿瑟：「麥克阿瑟是美國名留青史的巨人，一位充分展現了傳奇人物的所有矛盾與對比的英雄。他是善於思考的知識分子，也是威風凜凜、自負的軍人；他是專制者，又是民主主義者；他天生口才辨給，演說時感染力很強，邱吉爾式的雄辯可以鼓舞千百萬人——也使得大多數自由派毫無招架之力。」

麥克阿瑟畢業於美國著名的西點軍校，出身將門，其父曾經擔任美國駐菲律賓的首任軍事總督。

第一次世界大戰中，麥克阿瑟擔任美軍第四十二師參謀長，晉升上校軍銜。他所屬四十二師在歐洲戰場作戰約四個月，因戰功卓著，成為赫赫有名的部隊。

一九二五年，麥克阿瑟被拔擢為少將，是美國陸軍中最年輕的將軍；一九三〇年，五十歲的麥克阿瑟出任美國陸軍參謀長，成為美國歷史上最年輕的參謀長。他備受肯定的軍事才華，在第二次世界大戰的傑出表現中展露無遺。

在太平洋戰役中，麥克阿瑟提出獨特的「蛙跳戰術」，即向幾個重大目標國發動跳躍式進攻，以集中火力打開一條通往日本東京的道路。然而當時的美國海軍作戰部部長歐尼斯特・金恩和太平洋戰區司令尼米茲，都不同意他的計畫。

但麥克阿瑟並未顧及自身的處境與軍隊中的階級倫理，仍堅持執行「蛙跳戰術」，所幸此舉為美國取得了極大的成功。第二次世界大戰結束後，麥克阿瑟對日本的政治、經濟進行大刀闊斧的改革，也取得了相當的成就。

然而在麥克阿瑟涉足政壇後，因為他自負的個性，使他與長官及各屆總統的關係都不融洽。

杜魯門總統儘管對麥克阿瑟印象不佳，但仍看重其才能而重用他，因此他成為當時日本的絕對統治者。麥克阿瑟甚至沒有經過批准，就擅自將駐日美軍的人數削減一半，杜魯門總統對此大為惱火，兩人之間的關係極為緊張。第二次世界大戰結束之後，杜魯門總統曾兩次邀請麥克阿瑟回國參加慶典，均遭拒絕。

一九五〇年秋，聯合國軍隊於韓戰中被圍堵於朝鮮半島東南的釜山動彈不得，假如麥克阿瑟對釜山發動攻擊，美軍必定會遭受重大傷亡。後來他採取攻其不備的戰術，突然從朝鮮半島西岸的仁川港登陸，並獲得成功。從麥克阿瑟所採取的戰術看來，與他自負的性格不無關係。

由仁川登陸後，麥克阿瑟繼續擴大戰爭範圍，戰火延燒到中國的鴨綠江

性格與才智乃是人發揮天賦的兩個依據。

邊，中國人民志願軍進入朝鮮參戰，重創美軍。由於戰爭情勢已趨不利，杜魯門考慮停戰，但麥克阿瑟認為杜魯門的做法是「綏靖主義」，是「投降」，並公開指責他。

終於在一九五一年四月，杜魯門總統下令，撤銷麥克阿瑟的一切職務。

作為美國歷史上傑出的五星上將，麥克阿瑟毫無疑問是一位優秀的人才。在第二次世界大戰中，他出任遠東盟軍統帥，以過人的膽識、頑強的意志，取得令世人矚目的戰績和榮譽。在戰爭中，麥克阿瑟有叱吒風雲、運籌帷幄的韜略，有臨危不懼、親臨戰場、出生入死的戰爭經歷；在政壇上，他也有狂妄自大、唯我獨尊的一面。

麥克阿瑟的狂傲自負、恃才傲物，使他很難將上與下的關係打理好，以致最後斷送了大好前途。當他與艾森豪競逐美國總統大位時，憑著他的經歷、戰績和在美國人心目中的形象地位，勝選的應該是他，但最終民意卻選擇了艾森豪。從這一點可以看出，就算麥克阿瑟在群眾中的形象極佳，人們更希望總統是一位性格「穩健」的人，因此放棄了因自負而不斷引起爭議的麥克阿瑟。

除了現實人物，在作家筆下，悲劇性格的角色亦屢見不鮮。《三國演義》的關羽，有過五關斬六將的勇猛，但因剛愎自用而敗走麥城；俄國作家果戈里的長篇小說《死魂靈》中的普留希金，家財堆積到腐爛發霉，可是其本身貪婪、吝嗇的性格，仍促使他每天上街收破爛，過著乞丐般的生活。

因為性格上的缺陷，讓許多人忽略了自身的各種不利條件，最終落得悲劇下場，足見性格與人的命運關係之大。民族從濫觴之微終成澎湃之勢，其底蘊在於民族的文化性格。同樣的，一個人的一生有什麼樣的作為，也是由他的性格所決定。如果能把握住自己的性格，也就掌握了自己的命運軌跡。

每個人的生命都是有限的，我們可以把人的性格看做七年一變，人的品格也應隨之昇華。人智學創始人魯道夫・斯坦納（Rudolph Steiner）認為，人類的成長以七年為一個階段，他指出身體、心魂、精神在各階段是怎樣成長的，需要哪些事物。在人生的第一個七年後，開始出現理性，此後的每個七年都有新的改善。許多人起初並不自知，直到發覺變化是如此之大時，才如夢初醒。二十歲時如同孔雀，三十歲時會像獅子，四十歲時就如駱駝，五十歲時好比蛇精，六十歲時像一隻狗，七十歲時像猴子，到了八十歲時，就什麼都不是了。

時間會改變一個人的性格，而人的「階段性格」，決定了未來將何去何從，這就是性格決定命運的軌跡。命運中每一個看似無常的遊戲下，都隱藏著人類性格的潛在規則。就像從很小的孔穴能窺見陽光般，每個人所跨出的一小步都會被折射出來。

人生就是性格的一齣戲，命運中的一切成敗悲喜、偶然必然，都可以性格的邏輯來解釋。如果因為自己的故步自封和剛愎自用而忽略周遭的成功條件，很容易淪為性格的犧牲品，一步一步跌入親手導演的悲劇中。別忘了，生命是無法由他人守護的，只有自己守護自己，才能在命運的顛沛流離中自在行走。

High mindedness
凡事從容優雅

This is one of the principal qualifications for a gentleman, for it spurs him on to all kinds of nobility. It improves the taste, ennobles the heart, elevates the mind, refines the feelings, and intensifies dignity. It raises him in whom it is found, and at times remedies the bad turns of Fortune, which only raises by striking. It can find full scope in the will when it cannot be exercised in act. Magnanimity, generosity, and all heroic qualities recognize in it their source.

高遠的志向是成為高貴人士的必備要素之一。它能激勵我們追求各種崇高的目標、提升品味、淨化心靈、振奮精神、陶冶情操，讓人更受尊敬等。遠大的志向可以滋養擁有它的人，有時甚至能挽救厄運——命運總是透過種種的打擊、挫折來鍛鍊心智。即便不能付諸行動，雄心壯志也能在人的意志上得以體現，豪爽、慷慨及其他英雄品格皆出於此。

除了外在美，其他的特質也很重要。

高尚的品格決定了自我價值的高度

品格高尚是一種英雄般的氣質，因為它能激發起各種各樣偉大的情懷。它使人變得有趣，心胸開闊，視野開展，格調高貴。無論它出現在何處，都將引人注目。幸運之神有時橫出妒意，試圖將它抹殺，然而它卻昂然脫穎而出。即使環境嚴酷，它也能控制意志。舉凡人類所有傑出的品格均源於此。

人之所以比萬物更高一等，在於人類擁有思想的靈魂。以肉身而論，人類與其他動物並無高低貴賤之分；作為有靈魂的人，由於內心世界的巨大差異，也使人產生了高貴與平庸、高尚與低劣的區別。

「人格」決定了人的動向，而高尚的品格，通常能激發人內心的偉大情懷，讓人變得富有內涵，勇於挑戰各種困境，獲得成就。音樂家貝多芬透過他的音樂創作感動了很多人，然而在音樂背後，真正撼動人心的除了他的音樂，還有他的苦難、堅毅、勇氣、高尚的品格和靈魂。

在李希諾夫斯基公爵的莊園裡，來了幾位「尊貴」的客人，他們是拿破崙麾下的軍官，在此之前，拿破崙率領軍隊占領了維也納。當時貝多芬住在公爵的莊園裡，軍官們得知此事後，要求公爵請貝多芬為他們演奏一曲。貝多芬不願為侵略者演奏，便斷然拒絕，猛然推開客廳大門，在傾盆大雨中憤然離去。回到住處，他把李希諾夫斯基公爵送給他的半身雕塑像摔個粉碎，並寫了一封信：「……公爵！你之所以為公爵，是因為環境與出身所然。我之所以為貝多芬，是靠我自己！公爵有上千個，而貝多芬只有我一人。」

正如貝多芬所言，世界上的確存在無數的公爵，然而，歷史是公正的，時光最無情，當這些曾顯赫一時的公爵，一個個灰飛湮滅，消失在歷史的長河中時，貝多芬卻沒有從人們的記憶中消失。雖然貝多芬沒有高貴的出身，但他創作了永恆不朽的作品，正是它們為貝多芬贏得了無數的榮譽，使貝多芬在人們心中築起了一座無形的豐碑。人們從來就不在意世俗的冊封，真正能讓他們所認同的，永遠是那些讓其心悅誠服的高貴人格。

人格的高尚，與儀表、出身和地位無關，也無法以金錢取得。它是一種內在的、深沉的、自然散發、由裡到外的靈魂之美與大度；是一種有豐富內涵、有獨特思想和見地、有無私情感的心靈，愛人類、愛萬物、愛一切的生命；同時，它也是一種熱愛生活、執著追求、努力不懈的、永不氣餒的心。

生存於現代社會的人們，在社會不斷進步的同時，常覺得自身負荷日益沉重，精神愈發空虛，這是被物欲支配的結果。金錢的誘惑，權力的紛爭，宦海的沉浮，讓人殫精竭慮。是非、成敗、得失讓人或喜、或悲、或驚、或詫、或憂、或懼，一旦所欲難以實現，一旦所想難以成功，一旦希望落空，就會失落、失意乃至失志。在不知不覺中，一個站立的「人」彎下了脊樑，佝僂著身軀，就越來越渺小，越來越卑微。

許多人也注意到自己的變化，每每試圖重新找回人格與尊嚴，卻發現不知道該怎麼做。其實，答案只有一個，那便是做個「真實的人」。許多聲名顯赫的人，如果不是以真實為根基，通常都不會長久。偽君子以欺騙為生，是縱容狂想，不崇尚真實的人，他們的妄想必然導致惡果，因為他們缺乏牢固的根基。唯有「真實」，能給予人真實的名望，能使人實質受益。一場欺詐，一環連一環，不久整棟以欺騙和妄想蓋起的高樓將轟然倒塌。

如何使自己成為品格高尚的人？如何讓自己擁有英雄般的氣質和高貴的靈魂？最簡單和直接的方法，就從做回真實的自己開始，尋找你的本質——純真、質樸、善良、公正。當自己可以塵埃落定、洗盡鉛華時，前進的道路便會漸漸明朗。

從容是品德的生命、言談的氣韻、舉止的靈魂，是光采中的光采。

A Genial Disposition
樂觀可親的性格

If with moderation 'tis an accomplishment, not a defect. A grain of gaiety seasons all. The greatest men join in the fun at times, and it makes them liked by all. But they should always on such occasions preserve their dignity, nor go beyond the bounds of decorum. Others, again, get themselves out of difficulty quickest by a joke. For there are things you must take in fun, though others perhaps mean them in earnest. You show a sense of placability, which acts as a magnet on all hearts.

如果適度，樂觀可親的個性會是一項才能，而非缺點。些許樂觀可以調劑一切。大人物有時也需要以幽默，博取眾人的喜愛。但是，在這種情況下，他們應一直保持尊嚴，不失禮。有的人則用玩笑作為迅速脫離困境的方法——因為有些事應該一笑而過，儘管別人鄭重其事。這是一種平易隨和的表現，如同磁鐵一般吸引眾人。

沒關係，一切都會好起來的。

把開玩笑當作是擺脫困境的捷徑

能夠樂觀而不過於樂天，不是一種缺陷，而是種極大的優點。偉大的人能成功地運用洽到好處的風度與幽默博得眾人歡心，把開玩笑當做是擺脫困境的捷徑。即使是別人眼中嚴肅的苦難，也應談笑處之，衷心散發出從容自在的吸引力。

很多樂觀的人，都善於控制自己的情緒，讓自己活在快樂中。人生在世，總會遇到很多悲傷與痛苦，如果情緒無法操之在己，確實掌控自己的情緒，就會成為情緒的奴隸。作家、勵志大師斯摩爾曾說過：「做情緒的主人，駕馭並把握自己的方向，使你的生命按照自己的意圖提供報酬。記住，你的心態是你唯一能完全掌握的關鍵。學著控制你的情緒，並且利用積極心態來調節情緒，超越自己，走向成功。」

悲觀的人總是為情緒所累，似乎煩惱、壓抑、失落，甚至痛苦，總是接二連三地襲來，於是頻頻抱怨命運對自己不公平，期盼某一天歡樂能從此降臨。但喜怒哀樂乃人之常情，想讓生活中永不出現煩心之事幾乎不可能，關鍵在於如何有效地調整、控制自己的情緒，做生活和情緒的主人。

人的一生不可能總是一帆風順，遇到挫折與失敗時，保持樂觀和幽默的心境，淡然應對，相信戰勝挫折和失敗對你來說將不再是難事。

「八佰伴」曾是日本最大的零售集團。總裁和田一夫經過長達半個世紀的苦心經營，將一家小蔬菜店發展成世界各地擁有四百家店面的百貨超市，員工總數達二・八萬人，年銷售額突破五千億日元的國際零售集團。一九九七年，正當他努力開拓中國市場之際，坐鎮日本總部的弟弟因經營不慎，使整個集團遭遇重大挫折，最後不得不宣布破產。

從國際大集團總裁到經濟拮据的窮光蛋，從寸土寸金的深院豪宅到一室一廳的公寓，從乘坐勞斯萊斯專車到買票搭公共汽車……這對已經六十八歲的和田一夫而言，無異於是從天堂掉到了地獄。

一時之間，輿論譁然，眾說紛紜。有人認為和田一夫肯定無法振作，只能在窮困潦倒中悄悄地了卻殘生；有人甚至猜測，和田一夫應該會像很多一夕之間破產的人一樣自殺。

然而，出乎所有人的意料，和田一夫不但沒有一蹶不振，更沒有懦弱地選擇自殺，反而抖擻精神地「復活」了。他從經營顧問公司邁開重振的第一步，爾後又和幾個年輕人合作，開辦網路諮詢公司。雖然涉足陌生領域，但憑藉自己的努力和過去的經驗教訓，新公司的業績一步步地興旺起來。

對和田一夫在人生面對如此的大起大落，仍能反敗為勝、東山再起，很多人在敬佩之餘也十分好奇，認為他一定有什麼「祕密武器」。對此，他的回答是：「若說有祕訣，那就是『自我激勵』。」他又解釋說：「是靠著不斷的自我激勵，使我即使面對巨大的失敗也沒有失去希望，即使我身處事業的低潮和人生的谷底，仍然相信有光明的前途。」在這種信念的支撐下，和田一夫決心重新開始。

和田一夫有一套獨特的自我激勵方法，即多年一直堅持的「心靈訓練」。他曾說：「如果想真正獲得幸福的人生，就需要有『沒關係，一切都會好起來的』這種豁達的想法。」要獲得成功，這種心靈的訓練十分必要。

從和田一夫涉足商場起，就養成每天寫「光明日記」的習慣，記錄每天讓他感到快樂的事。和田一夫說：「如果想使自己的命運好轉，就必須不斷地用積極向上的語言來鼓勵自己，並使自己保持開朗的心情，這是非常重要的。」

除了「光明日記」，和田一夫還獨創了「快樂例會」。在每個月的工作會議中，和田一夫規定：「開會前，每個人要用三分鐘的時間，從這個月發生的事情中找出三件快樂的事情來跟同仁分享。」剛開始時，同仁們很難找出三件快樂的事。時間一久，養成習慣後，別說三件，人人都想發表十件快樂的

嬉笑當有時，其他時候，則應嚴肅認真。

事。每個月都這樣做，同仁們也逐漸露出笑臉。和田一夫對「快樂例會」帶來的正面效果感到十分自豪，這種別開生面的方式，的確有效地帶動了員工的樂觀情緒。

許多不成功的人不是沒有成功的能力與潛質，而是在思想上就放棄了。這種人在遭遇挫折時，只會暗自神傷，感嘆命運不濟，從不為自己加油打氣，他們習慣於「劣勢」，久而久之，只能與失敗為伍。

也有一些人不是不激勵自己，也不是不樂觀，而是把對自己的承諾拋諸腦後，沒有認真地實現訂定的目標。他們過分樂觀，以致於從不考慮未來，這種樂觀反而會成為他們的缺陷。

人生總有跌宕起伏，處於低谷時，確保「有質有量」的好心態，保持樂觀的精神狀態，會成為支配人們行動的動力，幫助人們在談笑自如間，從容應對種種事情和困難，即使某一次失敗了，也不會就此一蹶不振。樂觀能幫助人們從失敗中吸取教訓，再次登上成功的巔峰。

Let your Behaviour be Fine and Noble.
行為高尚

A great man ought not to be little in his behaviour. He ought never to pry too minutely into things, least of all in unpleasant matters. For though it is important to know all, it is not necessary to know all about all. One ought to act in such cases with the generosity of a gentleman, with conduct worthy of a gallant man. To overlook forms a large part of the work of ruling. Most things must be left unnoticed among relatives and friends, and even among enemies. All superfluity is annoying, especially in things that annoy.

大人物從不拘於小節。談話時他不刺探各個細節，特別是談論不太愉快的話題時。知道事物全貌很重要，但不必知道所有細節。當事情令人不快，你要表現得如紳士般寬容大度，展現出豪俠氣概。忽略一些東西是管理工作的一大要點。親朋好友，尤其是你的對手身上的很多事情，你都要學會視而不見。多餘的東西讓人厭煩，尤其是在事情本身就讓人厭煩的時候。

心胸有多大，
舞台就有多大。

能力和心胸大小成正比

偉大的人從不小氣。和別人交談時，尤其當談論的主題令人不快時，他們不會深究小小的不快，仍會表現出彬彬有禮、寬宏的泱泱大度。切記！人們往往按自己內心的理解行事，一個人所能成就的與個人的心胸有關。

寬宏大量、不吝計較是一種高尚的人格修養，一種成大事的強者風範。

世間之大，人與人相處難免會產生形形色色的矛盾、煩惱，如果對每件事都斤斤計較，對生命來說無疑是一種無形的枷鎖，這時不如表現出彬彬有禮的樣子，更容易獲得他人的尊敬和仰慕。

有位著名的作家，他以寬容的心胸和主動認錯的氣量，贏得了讀者的尊重。

在經過長達二十年社會紀實體裁的小說寫作後，這位作家嘗試變換風格，推出一部偵探小說，一時之間讓許多讀者無法接受。

一名憤怒的讀者寫信給該作家，信中措辭強烈，指責他根本不該轉型。其中很多言詞有失偏頗，看得出這位讀者對小說藝術的理解並不深。但這位作家並沒有惱羞成怒，而是非常認真地寫了一封回信，在信中，他隻字不提這位讀者對他的不禮貌和認識上的淺薄，只是很誠懇地承認自己並不適合懸疑推理題材的寫作，很感謝讀者的意見，希望以後能夠經常互相交流看法。

作家不計較讀者的粗魯無禮，是他的容人雅量；敢於承認自身的缺陷，是他的氣量和風度。有這種雅量和氣度的人，難題通常都比較容易解決，矛盾也能迎刃而解。中國有句俗語說：「宰相肚裡能撐船」，所說的正是像作家這樣的人。

古人常講：人應當與人為善、有成人之美、修身立德。一個人若是大肚能容，性格豁達，方能縱橫馳騁；糾纏於雞蟲之爭，斤斤計較，非但有失儒雅，且會終日鬱鬱寡歡，神魂不定。所以，**對世事時時心平氣和、寬容大度，才能處處契機應緣、和諧圓滿**。

美國第四十任總統福特，大學時是一名橄欖球運動員，體格非常好，當他六十二歲入主白宮時，體格仍然非常挺拔結實。就任總統後，他仍繼續進行滑雪、打高爾夫球和網球等運動，而且相當擅長。

一九七五年五月，福特總統至奧地利訪問。當飛機抵達薩爾斯堡，他走下舷梯時，因為皮鞋碰到一個隆起的地方，使他腳一滑，跌倒在跑道上。福特總統很快地跳了起來，沒有受傷。目擊的記者們，把福特總統跌倒的事當成一則大新聞大肆渲染。在同一天裡，福特總統又在薩爾茨堡主教宮殿（Salzburger Residenz）被雨淋濕的長梯上，滑倒了兩次，險些跌下來。此後，有一個奇妙的傳說便四處傳了開來：福特總統笨手笨腳，行動不靈敏。自薩爾斯堡的訪問行程後，當福特總統再次摔跤、撞傷頭部或跌倒在雪地上，記者們總是添油加醋地把消息向全世界報導。後來，連福特總統不跌跤也變成新聞。

哥倫比亞廣播公司曾做過以下的報導：「我一直在等待總統撞傷頭部、扭傷小腿或受點輕傷，來吸引讀者。」記者們如此渲染福特總統摔跤的事，似乎想在民眾眼中，為總統形塑一種印象：「福特總統是個行動笨拙的人。」電視節目主持人也會在節目中和福特總統開玩笑，喜劇演員吉維・蔡斯甚至在《NBC週末夜》（據維基百科：一九七五～一九七七年為此名，即現在的《週六夜現場》，是在福特卸任總統後才改名）的節目裡模仿總統滑倒和跌跤的動作。

福特的新聞祕書羅恩・尼森對此提出抗議，他對記者們說：「總統是健康而且優雅的，他可以說是我們記憶中的總統裡，身體最為健壯的　位。」

對不愉快的事情耿耿於懷等於是偏執狂。切記！人們往往按自己內心的理解行事，一個人所能成就的與個人的心胸有關。

「我是一個運動家，」福特總統如此抗議道，「運動家比任何人都容易跌跤。」

福特總統對別人的玩笑總是一笑置之。一九七六年三月，他在華盛頓廣播電視記者協會年會上和吉維・蔡斯同臺表演。節目開始，蔡斯先出場。當樂隊奏起《向總統致敬》的樂曲時，他「絆」了一腳，跌坐在歌舞廳的地板上，從一端滑到另一端，頭部又撞向講臺。此時在場每個人都捧腹大笑，福特也跟著笑了。

輪到福特出場時，蔡斯站了起來，佯裝被餐桌布纏住，使餐盤和銀餐具紛紛落地。蔡斯假裝要把演講稿放在樂隊的指揮臺上，但一不小心把稿紙弄掉了，撒得滿地都是。眾人哄堂大笑，福特總統卻滿不在乎地說道：「蔡斯先生，你是個非常、非常滑稽的演員。」

面對別人對自己的無禮之舉時，福特總統選擇一笑置之，可見其寬容大度。

只要有「人」的地方，總免不了有矛盾、衝突，甚至鉤心鬥角。各種突發狀況使人與人之間不可能不發生摩擦。有君子，就有小人；有溫情，就有冷漠；有讚譽，就有毀謗。如何在複雜的群體中站穩腳步，並得到大多數人的支持和讚賞，唯有氣量、心胸寬容而已。

「君子賢而能容罷，智而能容愚，博而能容淺，粹而能容雜。」在日常生活中，隨時會遇到一些對自己不公的人和事，遇到愚蠢、淺薄者的騷擾，遇到尷尬和非議。針鋒相對、以怨報怨只會為自己招來更多的妒恨；至於心胸寬廣、氣量大者則可與他人保持良好的人際關係。不計較瑣碎之事，不拘泥繁文縟節，不多管閒事，這類的人物定能得到他人的廣泛尊重，在人際關係的處理上也能遊刃有餘。

化学

Do not make a Business of what is no Business
不要小題大做

As some make gossip out of everything, so others business. They always talk big, take everything in earnest, and turn it into a dispute or a secret. Troublesome things must not be taken too seriously if they can be avoided. It is preposterous to take to heart that which you should throw over your shoulders. Much that would be something has become nothing by being left alone, and what was nothing has become of consequence by being made much of. At the outset things can be easily settled, but not afterwards.

有的人對任何事都喜歡搬弄是非，而有的人則喜歡對任何事小題大作。他們總是高談闊論，時時煞有介事，事事爭議不休或把事情搞得神祕莫測。如果可以避免，對麻煩的事情千萬不要太過認真。把本來應該拋擲腦後的事放在心上是十分愚蠢的。許多事情看似重大，其實順其自然就會變得無足輕重。區區小事如果小題大做，反而會成為壓肩的重擔。問題剛出現時應當機立斷、快刀斬亂麻，若拖拉則易夜長夢多、後患無窮。

當你不再鑽研往事，
生活會變得容易許多。

最傻的人總愛事事較真

豁達可以讓人長命百歲，並且終生快樂。最傻的人莫過於事事較真，樣樣八卦，把任何瑣事放在心上。而那些為不關己事傷神的人和凡事漠不關心的人，也同樣愚蠢。無須將能避免的煩憂扛在肩上，趁問題發生之初就著手解決，事後的補救往往徒勞無功。

能做到事事心平氣和的人，是難得一見的豁達者，豁達是難得的美德之一。在人生的漫漫旅途中，總會遇到許多不如意，失意並不可怕，受挫也無須憂傷，只要心中的信念沒有萎縮，即使外界風凄雨冷、大雪紛飛，能保持樂觀的心態，就能成就許多事情。艱難險阻是命運對你另一種形式的饋贈，崎嶇難行的道路也是對你意志的磨礪和考驗。

想要收穫豁達的心境，可到萬千世界中尋找靈感，自然界會給予啟示：落英在晚春凋零，來年又燦爛一片；黃葉在秋風中飄落，春天又煥發出勃勃生機。萬物凋零萬物生，樂生悅死，何嘗不是一種灑脫、一份成熟、一份練達。人最需要的，就是萬物所擁有的「達觀之心」。

豁達的心靈猶如久旱後的甘霖，使人從瑣碎的煩惱中掙脫，變得坦蕩、清靈、心胸開闊。正所謂：心無芥蒂，天地自寬。性格豁達的人，眼睛裡流露出來的光彩會使整個人生都流光溢彩。在這種光彩之下，寒冷會變成溫暖，痛苦會變成舒適。這種性格，使智慧更加熠熠生輝，使美德更加迷人燦爛，使人性更加完美。

著名人際關係學大師戴爾・卡內基年少時，有幾年旱災非常嚴重。那時美國經濟大蕭條，因此農民受到嚴重的煎熬，沒有人知道為什麼春雨缺席了，使新種的玉米和小麥得不到雨水的滋潤。卡內基的父親把他存下來的一點點積蓄，都花在玉米種子上。

當卡內基看到父親將家裡最後的一點錢換成玉米種子，他一直擔心種子可能會乾枯而一無所獲。於是他問父親：「為什麼要冒這個險呢？」

「不冒險的人永遠不會成功！」這是父親的哲學。

只要無懼於嘗試，沒有人會徹底失敗。

然而，小河裡的河水日趨減少並乾涸，隨後，整個夏季被大旱所折磨，河流乾枯，魚兒一條條死去，最可怕的是，穀物全都枯萎了。

秋天收穫時，卡內基的父親從半英畝的土地上，僅收成半輛貨車都不到的玉米，如果這是天氣正常的一年，豐收的玉米一定會裝滿數十輛貨車。

卡內基忘不了父親那晚在餐桌前的一段話：「仁慈的上帝，感謝您讓我今年什麼都沒有失去，您把種子還給了我，謝謝您！」

沒有豁達就沒有寬容。無論取得多大的成功，無論爬過多高的山，無論有多少閒暇，無論有多少美好的目標，沒有寬容心，仍然會遭受內心的煎熬。世界上最廣闊的是海洋，比海洋更廣闊的是天空，比天空更廣闊的，是人的胸懷。

豁達是一種超脫，是自我精神的解放。豁達是一種寬容、恢弘大度，胸無芥蒂，肚大能容，吐納百川。無論蜚短流長、黑雲壓城，心中自有一束不滅的陽光。以風清月明的態度，從容不迫地對待一切，待到廓清雲霧，必定柳暗花明。

豁達是一種博大的胸懷、超然灑脫的態度。一般說來，豁達開朗之人比較寬容，能對別人不同的看法、思想、言論、行為乃至宗教信仰、種族觀念等，都加以理解並尊重，不輕易把自己認為「正確」或「錯誤」的東西強加於別人身上。

在不同意別人的觀點或做法時，他們會尊重別人的選擇，尊重別人自由

《華燈初上》：「我只是不想愛到沒有自己，愛得深的時候就會開始比較，誰愛得多誰愛得少，當你開始計較這些的時候，就已經輸了！」

思考和生存的權利。有時候，豁達產生寬容，寬容帶來自由。因此，如果希望享有自由，應兩種態度兼備：在道德方面，有謙虛的美德，必須持有自己的看法；在心靈方面，應具備開闊的胸襟與兼容並蓄的雅量，來寬容不同於己甚至相反的意見。

人生一世，與其悶悶不樂、鬱鬱寡歡地過，倒不如痛痛快快、瀟瀟灑灑地活。但人的一生歷經那麼多的風風雨雨、坎坎坷坷，該怎樣才能活得灑脫自在？豁達或許可以作為答案。

心累之時，不妨讀讀這幾句話：「功名利祿四道牆，人人翻滾跑得忙；若是你能看得穿，一生快活不嫌長。」人生不售回程票，在這場旅途中，豁達的人通常能最先走出狹隘，背起自己的行囊，走上奔向遠方的旅程，尋得幸福。

It is expensive to obtain a reputation
聲譽需要細心呵護

It is the usufruct of fame. It is expensive to obtain a reputation, for it only attaches to distinguished abilities, which are as rare as mediocrities are common. Once obtained, it is easily preserved. It confers many an obligation, but it does more. When it is owing to elevated powers or lofty spheres of action, it rises to a kind of veneration and yields a sort of majesty. But it is only a wellfounded reputation that lasts permanently.

人們都喜歡擁有聲譽，但聲譽來之不易，只有卓越不凡的才能會帶來聲譽，而卓越是稀有的，不像平庸那樣容易獲得。一旦獲得聲譽，就很容易保持。獲得聲譽要承擔許多責任，並且要做出許多成績。聲譽若來自高貴的出身或崇高的行為，則更具一種威嚴。只有貨真價實的聲譽才能真正持久。

名譽是表現在外的良心，良心是隱藏在內的名譽。

貨真價實的名譽才持久

人們看重名譽，但好名譽得之不易，因為它產生於卓越。獲得好名譽要兌現許多承諾，並且要藉由完成許多的事來獲得。它若來自高貴的出身和崇高的行為，則具備一種威嚴氣象。唯有貨真價實的好名譽才能真正持久。

名譽是一種有威力的名號、心理的權力，是一種純文化的力量。名譽使大眾認識並記住某個人的名字，關注這個人的狀況，確認他的不平凡之處，並誘使他們崇拜、敬佩、羨慕，甚至仇視這個人。名譽透過個人的名字來改變人的思想情感，來操縱人的心理，因此名譽是一種心理力量、心理的權力。

名譽常成為地位和成就的搖籃，其影響力是驚人的。貝多芬最偉大的作品之一第九號交響曲《合唱》，在音樂之都維也納首演時，觀眾起立鼓掌多達五次，而國王登臺亮相時，人們起立致意也不過三次。貝多芬的音樂成就為他帶來的聲望，更勝過君王的權威。在他去世時，維也納民眾自發性地為他舉行隆重的葬禮。對很多偉大的人來說，名譽比很多事情都來得重要，甚至超越生命。

在一個人短暫的一生中，名譽是默默無聞或名垂青史的分水嶺。只有名譽，才能充分展現人的生命價值。名譽無可取代，一個人就算擁有錦衣玉食、華屋名車相伴，若做出損害名譽的事，一樣令人鄙夷。

名譽是高於物質財富的無形財富。權力再大的人，若不能造福社會，例如希特勒之流，只能遺臭萬年。可見，名聲是高於有形權力的一種無形權力。它崇高，並且具有威嚴。

有人說：讓一個人一時不說謊很容易，讓他一輩子不說謊卻很難。名譽也是如此，名譽容易保持，但它又會在小小的失誤或失足面前轟然倒場。對人們來說，愛惜名譽應如同愛惜自己一般。

有一個故事正可以說明名譽的重要性。有一批接受深造，即將成為建築師的年輕人，在一位鬢白如雪的老教授帶領下，參觀一座剛落成又需要拆除的大廈。因為這棟大廈的建築師接受賄賂，在設計方案中修改關係工程品質的一連串資料……爆破的炸藥正填入水泥未乾的牆基中，這棟大廈將被炸毀，它所帶來的損失將是建造這棟大廈的數倍之多。這樣的情況，讓在場的所有人都被震撼了。

在美國馬里蘭州建築學院盛大的畢業典禮上，著名的建築師法蘭克・洛伊・萊特在演講時說：「一棟大廈是一位建築師的名譽，這名譽不會從天而降，必須來自一塊磚頭、一塊板材。什麼樣的一塊磚頭呢？那就是一塊實實在在的磚頭。什麼樣的一塊板材呢？那就是一塊道道地地的板材。這一切全都來自建築師的品質——實實在在、正直高尚的品質！」

建築師們所設計的樓房，其品質、外觀就是建築師名譽的來源，失去了這些，無論他得到多少財富，名譽一旦毀了，就再也無法在建築業中立足。

人活著的時候可以盡情享用權力和財富，但人死後，這一切便不再任由他所享有，不再屬於他。但名譽不一樣，只要真正對社會和人類產生過重大影響，便能獲得崇高名譽，這種名譽自獲得的第一天起，便不會輕易改變。

名譽一旦穩定，其魅力是潛移默化、深入人心的。有位名人曾說：「名譽雖然不是德行的真正原則和標準，但是它離德行的真正原則和標準是最近的。」當人們擁有名譽時，其德行也會在不知不覺間被提升到為人人崇敬的程度，那時我們將發現，原來自己的人格也可以如此美好和不凡。

要建立良好的聲譽，需要二十年，但要毀掉良好的聲譽，只需要五分鐘。明白了這一點，你為人處事就會有很大的不同。

PART 2

剛柔並濟的善良力量

細心謹慎的人，
懂得如何避免矯揉造作，
如何凸顯自己的美德，
就算他們不知道如何讓自己顯得高貴非凡，
但至少他們知道
哪些德行不會讓自己在拋頭露面時，
顯得滑稽可笑。

The Goodwill of People.
人心的善念

It is much to gain universal admiration; more, universal love. Something depends on natural disposition, more on practice: the first founds, the second then builds on that foundation. Brilliant parts are not sufficient, though they are presupposed; win good opinion and it is easy to win goodwill. Kindly acts are required to produce kindly feelings, doing good with both hands, good words and better deeds, loving so as to be loved. Courtesy is the politic witchery of great personages. First lay hand on deeds and then on pens; words follow swords; goodwill to be won among writers is eternal.

獲得人們普遍的讚美的確了不起，得到大眾的愛戴則更了不起。這既靠天資，也靠後天的努力，前者是基礎，後者則建立在前者之上。人們常常認為，只要贏得美名，之後要贏得好感就容易多了，但單靠天資是不夠的，要想令人產生好感，還必須有善行——既說善言，更要做善事。要想人愛己，已需先愛人。親切周到是大人物精明的法寶。先立功德而後立言，先建功而後立傳——贏得立言人的好感將使你英名永傳。

愛就像天使一樣，可以帶來希望，帶來力量，並且創造奇蹟。

沒有善良的靈魂，就沒有美德可言

想贏得多數人的尊重，擁有名聲，誠為一件大事，但有一顆善心更重要。人們常常認為，只要擁有名聲，就容易獲得人們的好感，但其實只靠才華出眾是不夠的。是否有善心，得看是否有善行，要想人愛己，己須先愛人。

擁有一顆善良純淨之心的人，比冷漠、狡猾的人更容易接近幸福，因為這樣的人容易被美好的事物感動，並願意成就周圍的一切。當代作家肖復興在一篇文章中寫道：

有一天，俄羅斯著名的油畫家列維坦獨自到森林裡去寫生。清晨時分，他沿著森林走到一座山崖邊，忽然看到山崖另一邊被初升的太陽照耀出從未見過的美麗景緻時，他站在山崖上感動得淚如雨下。

同樣的，德國著名的詩人歌德有次聽到貝多芬的交響樂，被音樂深深感動，以致淚如雨下。另一位俄羅斯的文學家托爾斯泰，聽到柴可夫斯基的第一絃樂四重奏第二樂章《如歌的行板》時，一樣被音樂感動得熱淚盈眶……

人為什麼會因為客觀的景色、偶然的音樂而感動呢？那是因為他們的心中存有善良而敏感的一隅。感動的本質與核心是善，失去或缺少了內心深處的善意與純淨，感動就無從言說。唯心存美好，才會因為感動而流下眼淚。

不僅如此，單純有善心並不夠，世間更需要的是「善行」。那些既擁有善良靈魂又喜歡施以善行的人，不求回報不僅是因為他們大公無私的胸襟，還因為他們在行善時獲得內心的滿足和感動。

在一座小鎮上有一家菜攤，平時顧客不多，因為鎮上的居民經濟狀況較差而買不起菜。不過，經常有些窮人家的孩子會來菜攤玩耍。雖然他們只是來玩，但菜攤老闆還是像對待大人一樣與他們打招呼。

「孩子們，今天還好嗎？」

「我很好，謝謝。先生，這些馬鈴薯看起來真不錯。」

「可不是嘛。你媽媽身體怎麼樣？」

「還好，一直在好轉。」

「那就好。你想買點什麼嗎？」

「不，先生。我只是覺得你的馬鈴薯真新鮮！」

「你要帶點兒回家嗎？」

「不，先生。我沒錢買。」

「用東西交換也可以呀！」

「哦……我只有幾顆贏來的玻璃球。」

「真的嗎？讓我看看。」

「你看。這是最好的。」

「看得出來。嗯，只不過這是個藍色的，我想要一顆紅色的。你家裡有紅色的嗎？」

「好像有吧！」

「好，你先把這袋馬鈴薯帶回家，下次來的時候讓我看看那顆紅色玻璃球。」

「一定。謝謝你，先生。」

每次老闆和這些小顧客交談時，老闆娘會默默地站在一旁，面帶微笑地看著他們。她熟悉這種遊戲，也理解丈夫所做的一切。

鎮上有很多貧困的人家沒有錢買菜，也沒有值錢的東西可以用來交換。為了幫助他們，菜攤老闆假裝和孩子們為一顆玻璃球討價還價。就像剛才這個孩子一樣，這次他有一顆藍色的玻璃球，可是老闆想要紅色的；下次他一定會帶著紅色玻璃球來，那時老闆又會讓他再換顆綠的或橘紅的來。當然要孩子回家時，一定會讓他帶上一袋上好的蔬菜。

善良不是廉價的美德，他要跟能力相匹配。

許多年過去了，菜攤老闆因病去世。鎮上所有的人都去向他告別，包括以前那些和他交換東西的孩子，他們都已經成為社會上的成功人士。

老闆娘站在丈夫的靈柩前，這些人走上前去，逐一擁抱她，親吻她的面頰，和她小聲地說幾句話。然後，她淚眼濛濛地目視他們在靈柩前停留，看著他們把自己溫暖的手放在老闆冰冷蒼白的手上。

你很難估量善行對一個人生命價值有多麼重大的影響。**做善事並不是為了引起別人的關注，而是因為每個人都需要敞開心扉去愛人，真誠地愛人，去寬慰失意的人，安撫受傷的人，激勵沮喪洩氣的人。**得到尊敬，被視為榜樣，只是行善者的無心插柳的收穫，他們都知道：**只有先去愛別人，別人才會愛自己。**

How to triumph over Rivals and Detractors.
如何戰勝忌妒

There is no more heroic vengeance than that of talents and services which at once conquer and torment the envious. Every success is a further twist of the cord round the neck of the ill-affected, and an enemy's glory is the rival's hell. The envious die not once, but as oft as the envied wins applause. The immortality of his fame is the measure of the other's torture： the one lives in endless honour, the other in endless pain. The clarion of Fame announces immortality to the one and death to the other, the slow death of envy long drawn out.

沒有比用智慧和品行戰勝狹隘的嫉妒更令人起敬的了。你的每一次成功都是對與你為惡的人的一次折磨；你的每一次輝煌對於你的競爭對手都是一次沉重的打擊。最偉大的懲罰是以成功作為毒藥。每當他人成功，就像是擰緊忌妒者脖子上的繩子——對手的榮耀就是他們的地獄。對方越是優秀，他就越是折磨。一方生活於無盡的榮耀，另一方就生活在無盡的苦痛中。成功的號角一方面歌頌成功者的輝煌，另一方面也宣告了嫉妒者痛苦煎熬的開始。

嫉妒他人，表明他人的成功；被人嫉妒，表明自己成功。

別讓他人的優秀殘害自己

對他人的嫉妒與惡意表現大度，你才能有更大的成就。心裡充滿嫉妒的人，每當其競爭對手成功一次，他就會死去一次。若那個被嫉妒的人永遠成功，對嫉妒的人來說就是永遠的懲罰。成功的號角一方面歌頌成功者的輝煌，另一方面也宣告了嫉妒者痛苦煎熬的開始。

一般來說，心胸狹窄的人容易嫉妒別人。而一個人的嫉妒心，常常會讓他採取一些偏激的行為，這對於一個人的成長來說不啻於一顆毒瘤。人們常常對他人的嫉妒抱持無所謂的態度，卻不知嫉妒的殺傷力遠超出自己的想像，他人的嫉妒心會毀了你，而你的嫉妒之火燃燒起來時，令你受到的傷害也往往最大。

有一則寓言印證了這個道理。

一隻老鷹常嫉妒別的老鷹飛得比牠好。有一天，牠看到一位帶著弓箭的獵人，便對他說：「我希望你幫我把在天空中飛翔的老鷹射下來。」獵人說：「你若提供一些羽毛給我，我就把牠們射下來。」這隻老鷹就從身上拔了幾根羽毛給獵人，但獵人卻沒有射中其他的老鷹。牠一次又一次地提供自己的羽毛給獵人，直到身上大部分的羽毛都被拔光了。最後，獵人轉身過來抓住牠，把牠殺了。

嫉妒對人造成的傷害，正如同鐵銹對鋼鐵的危害般。心胸狹窄的人之所

電影《刻在你心底的名字》：「嫉妒是一條蛇，他會吃掉你的心。」

以無可避免失敗的結局，就在於他們居心不良。見不得別人超越自己倒還罷了，要命的是當自己倒楣時，也要別人沒好日子過。為達這樣的目的，除了傷人害己，別無他途了。

智者對善妒者通常是抱持著鄙視態度的。英國作家薩克雷說：「一個人妒火中燒的時候，事實上就是個瘋子，不能把他的一舉一動當真。」

善嫉的人，不但將快樂從自己的心中移除，還勾起了別人的痛苦。嫉妒者極易憂愁，因而讓生活更加不幸，還容易墮落。嫉妒如同毒蛇的毒液，腐蝕頭腦，毀壞心靈。

既然嫉妒如毒素般會損害自身，就要轉移它，不讓嫉妒之火成為心中的毒。我們得明白，嫉妒其實是在不知不覺中將自己毀滅。一滴水成不了海洋，一棵樹成不了森林。任何事業的成功都少不了合作，然而嫉妒總是會拆散所有的合作關係，令人一事無成。

人一旦有了嫉妒心，就是承認自己不如別人，會因嫉妒而失去理智，做出得不償失的事。心胸狹隘的人總是自覺或不自覺地懷著怨恨之心，不停地感受或回味生命中曾受過的傷害與屈辱、生活的不如意和人生的痛苦、不滿、抱怨，甚至怒氣衝天，厭惡、敵視他人和周圍的一切事物，處處與人作對，經常處於精神崩潰的邊緣，終日與多疑、驚恐為伍，一輩子都生活在嫉恨之中，一輩子都對某個人或某件事懷抱強烈不滿。最後，心胸狹隘者會被自己的嫉妒心所害，痛苦萬分。

著名的華爾街投資大師巴魯克說：「不要嫉妒。最好的辦法是假設別人能做的事情，自己也能做，甚至做得更好。」想要超越別人，就必須從超越自我開始。堅信別人的優秀並不會妨礙自己的前進，相反的，它可能給你前所未有的動力。事實上，每一個努力實現自己事業的人，是沒有時間和力氣去嫉妒別人的。

別讓他人的優秀成為殘害自己的毒素，也不要讓他人的優勢成為折磨自己的煎熬，心胸開闊一些，眼光也將變得遠大，甚至會使敵人成為朋友。莫要因為妒恨而醉心於宣揚他人的缺點，因為這種行為只會使自己聲名狼藉，得不償失。

Show no Self-satisfaction.
勿自滿

Show no self-satisfaction. You must neither be discontented with yourself—and that were poor-spirited—nor self-satisfied—and that is folly. Self-satisfaction arises mostly from ignorance: it would be a happy ignorance not without its advantages if it did not injure our credit. Because a man cannot achieve the superlative perfections of others, he contents himself with any mediocre talent of his own. Distrust is wise, and even useful, either to evade mishaps or to afford consolation when they come, for a misfortune cannot surprise a man who has already feared it.

不要總是對自己不滿意，這是膽小怕事的表現；也不要驕傲自大，這是愚蠢的表現。自我感覺良好大多源自於無知，無知讓我們得以逞一時之快，卻損害了我們的名聲。有的人因為達不到別人的完美，於是開始安於、滿意自己的平庸。懷疑是一種智慧，有它的價值，能幫助我們躲避禍患，或是讓我們在遇到挫折時有心理準備，無所畏懼。

謙卑不是看輕自己，
而是少想到自己。

謙卑並不磨滅自己的偉大

別總是對自己不滿意，這是膽小怕事的表現；也不要自滿自得，這更是愚蠢的表現。就算是荷馬也有打瞌睡的時候，亞歷山大也曾因失敗而從自大中驚醒。過於自我感覺良好其實是種無知，它雖然能帶來一種幸福的錯覺，讓人得到一時之快，但實際上常常有損於名聲。

過於自我感覺良好，等於是承認自己的愚蠢。自以為是的人最容易頭腦發熱，他們經常充滿幻想，只相信自己的智慧和能力，堅信只有自己才是正確的；他們從來不接受別人的意見和勸告，認為採納他人的意見等於是對自己的否定和貶低。事實上，這種人通常外強中乾，他們的固執，正好證明他們並不是真正的強者，因為心虛，所以不願意服輸。

謹慎的人最懼怕居功，所以從不自我吹噓，一來為了避免成為「大樹」，以免遭受「風必摧之」的困境；二來他們害怕因為一時的盲目或喜悅，而導致未來錯誤頻傳，損害名譽，所以總是時刻保持謙虛，反而為自己贏得更多的尊重。

本田宗一郎是日本著名企業本田汽車（HONDA）的創始人。他對日本汽車和摩托車產業的發展提供了巨大的貢獻，曾獲日本天皇頒發的「一等瑞寶勳章」。在日本的汽車製造業裡，本田宗一郎是一位極具影響力的重量級人物。

但沒有人是十全十美的。一九六五年，在本田汽車技術研究所內部中，研究人員為了汽車引擎要採用「水冷」還是「風冷」式冷卻法，發生了激烈爭論。本田支持「風冷」式引擎，所以新開發的N360輕型汽車都採用「氣冷」式引擎。

　　一九六八年，在法國舉行的一級方程式冠軍賽上，一名賽車手駕駛裝有「氣冷」式引擎的賽車參賽。比賽至第三圈時，由於車速過快導致賽車失控，賽車撞上圍牆後油箱爆炸，車手被燒死在車中。這件悲劇導致裝有「氣冷」式引擎的N360銷量頓時大減，技術人員要求研究「水冷」式引擎，仍遭到本田拒絕。幾名主要技術人員一氣之下，準備辭職。

　　本田汽車副社長藤澤發現事態嚴重，打電話給本田宗一郎：「您覺得您在公司是當社長重要，還是當一名技術人員重要？」本田在驚訝之餘回答：「當然是當社長重要。」

　　藤澤毫不留情地說：「那就同意他們去開發水冷式引擎。」本田突然醒悟過來，原來藤澤指出他是公司的社長，而不只是技術人員，社長管理「公司」，技術人員管理的是「產品」。有資格對汽車產品提出意見的，也應該是技術人員。於是，本田只得說：「好吧！」

後來本田汽車因開發出合乎市場需求的產品，而使汽車的銷售量大增。那幾位當初想辭職的技術人員，均被本田委以重任。

一九七一年，本田汽車的經營穩定成長。有一天，公司一名中階管理人員西田與本田交談時說：「我認為公司中階員工的工作都已步上軌道，您是否考慮要培養接班人了？」西田說的話很含蓄，但卻有要本田辭職的意思。

本田一聽，連連稱是：「你說得對，不提醒我倒還忘了，我確實該退休了，不如就今天吧！」由於涉及移交手續的處理，幾個月後本田便把董事長的位子讓給接班人河島喜好。

一個人若太自負，很容易陷入一種莫名的自我陶醉中，變得自傲自大，他會無視所有人對他的不滿和提醒，終日沉浸在自我滿足中，對這種人來說，利祿都要捷足先登，對一些事物會自以為是，這樣的人很難得到人們的理解和尊重。真正偉大的人，以謙卑待人、以謙虛求知，他們深知這樣做，會贏得更多的讚賞。

世界球后戴資穎說：「輸輸贏贏是運動員生涯的常態，怎麼調適自己再重新來過，是最重要的，我不需要為自己多解釋什麼，懂的人自然會懂。」

在美國紐約一間嘈雜的候車室裡，靠門的座位上坐著一位滿臉疲憊的老人，他背上的塵土及鞋子上的汙泥，顯示出他走了很長的路。火車進站開始驗票，老人不疾不徐地站起來，準備前往驗票口。這時，一個胖太太突然從候車室外走進來，她手上提著一個很大的行李箱，顯然也要趕這班火車，但箱子太重，使她累得氣喘吁吁。胖太太看到門邊的那位老人，對著他大喊：「喂，老頭，幫我提一下行李箱，等會給你小費。」老人聽到後，立刻拎起箱子就和胖太太朝驗票口走去。

才剛剪票上車，火車就開動了。胖太太抹了一把汗，慶幸地對老人說：「多虧你的幫忙，不然我一定趕不上這班火車。」說完，她掏出一美元遞給那位老人，老人微笑著接手。這時列車長走了過來，對老人說：「洛克斐勒先生，請問我能為您做點什麼嗎？」

「謝謝，不用了，我只是剛剛結束一個為期三天的徒步旅行，現在我要回紐約總公司。」老人客氣地回答。

「什麼?洛克斐勒?」胖太太驚叫了起來,「天啊,我竟讓著名的石油大王洛克斐勒先生幫我提行李箱,居然還給了他一美元小費,我這是在做什麼啊?」她忙向洛克斐勒道歉,並誠惶誠恐地請洛克斐勒把那一美元小費退還給她。

「太太,您不必道歉,您根本沒有做錯什麼。」洛克斐勒微笑著說,「這一美元是我賺來的,所以我就收下了。」語畢,洛克斐勒把那一美元鄭重地放進口袋裡。

出色的人不必吹噓自己的出色之處,也不用彰顯自己,因為出色無須他人的認可。一個人的人格高尚,通常不是由別人的吹捧和讚美而成,而是由自身的行為所塑造出來。謙卑並不是否定自己的本意,相反的,自我吹噓才顯示出人的鄙陋和空虛。

A man of rectitude.
做個正直的人

A man of rectitude clings to the sect of right with such tenacity of purpose that neither the passions of the mob nor the violence of the tyrant can ever cause him to transgress the bounds of right. But who shall be such a Phoenix of equity? What a scanty following has rectitude! Many praise it indeed, but—for others. Others follow it till danger threatens; then the false deny it, the politic conceal it. For it cares not if it fights with friendship, power, or even self-interest: then comes the danger of desertion. Then astute men make plausible distinctions so as not to stand in the way of their superiors or of reasons of state.

永遠都要堅定不移的維護正義，絕對不可迫於群情或淫威而逾越正義的界線。但是，誰願意為了正義而甘願像鳳凰一樣涅槃呢？追隨正義的人屈指可數。確實，有許多人讚美這種品德，但只希望別人去實踐。也有人遵從此道，但有一定限度，危難當頭時，偽善者棄之若敝，政客則需與委蛇。當友誼、權勢，甚至私利與正義相衝突時，很多人寧願拋棄這種品德。狡猾之人巧言惑眾，假借顧全大局或國家利益替自己辯解。

誠信如沙漏裡的沙，當沙緩緩流下，人的價值也如沙般終流逝。

做個誠信哲學的忠實擁護者

一個執著於正直的人，常會因過於耿直而失去友誼，甚至因為得罪他人而失去權勢利益，所以很多人寧願不要正直這種品德。真正的誠實無欺者總是把欺騙看成一種背信棄義，情願光明磊落剛正不阿，也不願拋棄了真理。相對的，所謂的聰明人，精明而自私，視偽裝為日常，欺騙那些相信他的人。如果他們和別人出現意見分歧，不是因為正直者變化無常，通常是因為別人早已拋棄了真理。

誠實無欺者看似單純，常被自作聰明者嘲笑，但一**個言行誠實的人，有正義公理作為後盾，所以能毫不畏縮地面對世界**。一個行為上充滿欺騙的人，在真理面前會無所遁形，因為他常常連自己的那一關都過不了。

誠實無欺是一種美德，它令人煥發出坦蕩從容的氣度，綻放人格的光彩。自古以來，它始終是人性之美的根本所在。我們可以說，這種品格是成為成功者的首要條件，它歷來被人們所尊崇。

林肯是美國最偉大的總統之一，他在年輕時就是誠信哲學的忠實擁護者。林肯在擔任基層工作時，誠實而勤快。有一天，一位婦女來店裡買了一些小東西，林肯幫她結算的總金額是二美元又六・二五分。

結完帳後，那位婦女高高興興地離開了。但是林肯對剛剛結的帳沒有把握，於是重算了一遍，結果讓他大吃一驚，他發現總金額應該是二美元。

「我讓她多付了六・二五分。」林肯不安地想。

溢收的錢不多，很多店員不會把這件事放在心上，但是林肯決定負起責任。他要將多收的錢還回去。

如果那位女顧客住在附近，把錢退還給她輕而易舉，但這位婦女住在兩、三英里外的地方，但這並沒有動搖林肯的決心。天已經黑了，他鎖好店門，步行到那位女顧客的住處，對女顧客陳述事情的前因後果，並將多收的錢如數奉還，然後心滿意足地回了家。

真誠而無欺的人，首先做到的是從不自欺，然後才是不欺人。這樣的所作所為，不僅使自身獲得輕鬆快樂，也值得他人信賴。正是這樣的為人方式，使林肯贏得他人的信任和崇敬。

亞瑟•項伯拉托里是美國曼哈頓航運線的老闆，還兼著一家卡車運輸公司的總裁。他回憶自己十歲時，正是美國經濟大蕭條的一九三五年夏，那時的他在一輛箱型小貨車上工作，每天朝一百多家商店配送特製食品。在炎熱的天氣裡，工作十二小時的報酬只是一塊臘肉三明治、一瓶飲料和五十美分的現金。但因為這是他的第一份工作，所以他認為辛苦一點是正常的。

在不送貨日子裡，他便到一家偏僻的糖果店工作。有次掃地時，他看見桌子下有十五美分硬幣，便撿起來交給老闆。老闆拍拍他的肩膀說，自己是有意將錢扔在那裡的，要試試他是否誠實。

亞瑟・項伯拉托里一直到高中，都為這位老闆工作。誠實讓他保住了當時非常難找的工作，也正因為誠實，成為他後來創辦企業且興旺發達的關鍵。

高尚的人並不因別人是何等人而忘記自己應該做怎樣的人。在他們看來，不欺騙、不造作，才會讓自己得到信任。要相信，面對一個絕不為個人利益放棄誠實的人，人人都會真誠接納他，願意和他交往，並真心地在他困難或創業時期，助他一臂之力。

人生看似很漫長，但實際上很短，把不必要的煩惱都拋諸腦後，誠實面對自己吧！

Be the Bearer of Praise.
時常讚美

We do homage besides in a very delicate way to the excellences before us. Others do the opposite: they accompany their talk with a sneer, and fancy they flatter those present by belittling the absent. This may serve them with superficial people, who do not notice how cunning it is to speak ill of everyone to everyone else. Many pursue the plan of valuing more highly the mediocrities of the day than the most distinguished exploits of the past. Let the cautious penetrate through these subtleties, and let him not be dismayed by the exaggerations of the one or made overconfident by the flatteries of the other; knowing that both act in the same way by different methods, adapting their talk to the company they are in.

讚美是用優雅的方式向我們面前的傑出人物表示敬意。然而，有的人卻反其道而行。他們開口必譏笑，自認為貶低不在場的人就能恭維在場之人。這種手法只能在淺薄之人面前討巧，因為他們無法識破其中的狡詐之處。有些人慣施薄古頌今的手段。但精明之士往往一眼就能看穿這點小把戲，他們既不會為了評論者言過其實而沮喪，也不因別人的諂媚而得意忘形。他們明白，那些人不論到哪裡都會重演故技，只是見風使舵，針對不同的人採取了不同的手段而已。

懂得讚美是習慣，
接受讚美是能力。

讚美如同玫瑰上的水珠

說話是一門藝術，也是衡量人真實品行的尺度。先哲言：「聽其言，即知其人。」聽人說話如見人穿衣，衣服舒適、美觀，越能彰顯氣質。善言讚美者，氣質品格也是高雅的，人人都希望得到他的讚美。讚美除了鼓勵值得稱許的努力，亦是一種規勸周遭的人謙恭有禮的文雅方式，是與人交往必備的方法之一。

對讚美的渴求，是人類本性中的重要一環。心理層面上，每個人都樂意聽別人讚美自己漂亮、強壯、健康、年輕，吃、穿、住等條件比別人優越；人際關係中，每個人都希望與別人和睦相處，獲得好人緣，得到親朋好友的尊重和認可；事業上，每個人都渴望在社會上謀得一席之地，實現自我價值。對讚美的渴望，源於人的本性，讚美給人無窮的力量。

人們之所以慣於聽讚美之詞，是因為他人的讚美可以滿足自尊心，顯示自己受到他人的重視。人性最深切的渴望，就是得到別人的肯定，這是人類與動物間的差異之一。著名心理學家傑斯・雷爾說：「讚美對人類的靈魂而言，就像陽光一樣，沒有它，人就無法成長。但是大多數的人，只善於躲避別人的冷言冷語，自己卻吝於把讚許的陽光給予別人。」

其實，讚美是一種重要的交際手段，它能溝通人與人之間的情感，使你贏得對方的友誼與好感，同時也提高自己在他人心中的地位。

法國總統戴高樂一九六〇年訪問美國時，在一次尼克森總統為他舉行的宴會上，尼克森夫人花了很多心思布置一個美觀的鮮花展臺：在一張馬蹄形的

只聽到讚美的植物會長得非常快，總是聽到咒罵的，則會枯萎而死。

桌子中央，鮮豔奪目的熱帶鮮花襯托著一個精緻的噴泉。精明的戴高樂總統一眼就看出，這是女主人為了歡迎他而精心設計製作的，脫口稱讚道：「女主人為舉行此次正式的宴會，想必要花很多時間來進行這麼漂亮、雅致的計畫與布置吧！」尼克森夫人聽了十分高興。事後她說：「人多數來訪的大人物要不是沒有注意，不然就是不屑為此向女主人道謝，而戴高樂總是會留意到這些細節並不吝稱讚別人。」

可見，一句簡單的讚美他人的話，不僅使他人獲得滿足，同時也讓自己得到對方的愛戴和讚歎。

讚美的方式很多，既不能說得浮誇，也不能說得不痛不癢，要不露痕跡且巧妙。巧妙的讚美就像在玫瑰上的露珠，為他人增添色彩，也顯露自己的光芒。試著把讚美他人變成一種習慣，將美言化作最漂亮的玫瑰，致贈他人時，手有餘香。

PART 3

你的努力正在逐漸增加你的潛力

每個人都有深厚的潛力，
每個人的心中都有一個沉睡的巨人。
當我們發現並喚醒內心的巨人時，
他會將我們高高地舉起；
當人沉溺於自己的聰明才智和絕世天賦中時，
巨人將離去，
使自己只能眼見他人越來越高。

Know Yourself .
人貴有自知之明

Know yourself—in talents and capacity, in judgment and inclination. You cannot master yourself unless you know yourself. There are mirrors for the face but none for the mind. Let careful thought about yourself serve as a substitute. When the outer image is forgotten, keep the inner one to improve and perfect. Learn the force of your intellect and capacity for affairs, test the force of your courage in order to apply it, and keep your foundations secure and your head clear for everything.

必須在天賦、才智、見地和情感等各方面都有自知之明。不了解自己的人無法掌控自己。世上有照影之鏡，卻無照心之鏡，不妨將理智的自省當成了解自己的鏡子，當我們不再注重外在形象時，就應該試著著重、提升內在的修養。學會衡量自己的才智與做事能力，弄清自己有多大的承受能力，加以善用。面對任何事情，都要保持堅定的立場和冷靜的頭腦。

所有的關係都是一面
鏡子，都是誠實反映
「我們怎麼看待自己」。

鏡子照臉亦照心

如果你不了解自己，就無法控制自己。雖能用鏡子來照出自己，但唯一能用來觀照自己的心神的，是明智的自我反思。當不再擔心自己的外在形象時，試著去修正和改善自己的內在。為了明智地處理事情，要精確地估量你的才智，試著判斷該怎樣迎接挑戰，測量一下你的深度。

「我是誰？」當人們站在鏡子前，看到自己的各種姿態和表情時，是否能對「自己」進行正確的剖析？恐怕很少有人思考過這個問題。隨著科學技術的日益發展，人們對未知世界日益了解，卻漸漸不了解自己，這是一個奇怪的現象。當開始不了解自己的時候，迷惘和失敗就將出現。

人生必須從認識自己開始，這是獲得成功的第一黃金定律。只有正確認識自己，才能正確規劃人生。雖然客觀地認識自我是一個困難的過程，然而，想認真闖出一番事業的人，一定要清楚了解自己的性格、智慧和情感訴求，才能根據客觀條件選擇適合自己的生活方式。

也許你不具備邏輯思維上的天賦，也沒有熟習各種語言的能力，但在處理事務方面卻有特殊的本領，能知人善任、排憂解難，有高超的組織能力；也許你在物理和化學方面心有餘而力不足，但你是熱愛想像，善於撰寫小說、繪畫、作詩；也許你缺乏分辨音律的能力，卻有一雙極其靈巧的手，可以編織各種各樣的裝飾物……在認識到自己長處的前提下，如果能揚長避短，認清目標，抓緊時機把一件工作或一門學問刻苦、認真地做下去，久而久之，豐碩的成果將在不經意間降臨在生活中。

古往今來，凡是事業上取得成就的人，都有一個共同的特點：就是根據自己的能力，做最適合自己的事。

偉大的發明家愛迪生在學校學習時，老師以為他是個愚笨的孩子，經常責怪他。愛迪生的母親發現兒子愛探究的天賦，用心培養他，最終愛迪生成為發明大王；懸疑推理小說家柯南・道爾身為醫生時並不著名，但以《福爾摩斯》這部偵探小說名揚天下。

據《現代人才學》發現，人類至少有一百四十六種才能，而現代的考試制度只能發現四十一種，這說明人類尚有許多潛能尚待開發利用。事實上，人的潛能如同在埋在地底的石油，隱藏在腦海深處，沒有被開發出來。成功者之所以成功，通常是因為他們充分了解自己的長處，並根據特長來進行人生規劃。

愛因斯坦大學時的教授佩爾內，有次嚴肅地對他說：「你在工作中不缺乏熱心和好意，但是缺乏能力。為什麼你不學醫學、不學法律或哲學，而要選擇物理呢？」幸虧愛因斯坦深知自己在理論物理學方面有足夠的才能，沒有聽從教授的話，否則，相對論恐怕就要晚個數十年才能出世。

有些遭遇失敗的人，僅憑自己一時的興趣和想法，盲目地追求不適合自己的東西。例如歌德一度沒能充分了解自己，樹立當畫家的錯誤志向，白白浪費十多年的光陰，為此他感到非常後悔。

人們應當充分了解自己所擁有的特長和天賦，培育並發展長處。如果所有的人都知道自己擅長做什麼，那麼人人都能在某個領域取得卓越成就。然而，大多數的人沒有發現自己的長才所在，結果在很多事情上都一事無成。

你不用努力讓別人理解，也沒有必要被別人理解，不理解又如何？就讓他們去看、去信他們相信的，只要你了解自己就行。這已經很不簡單！

A Man of the Age.
生逢其時

The rarest individuals depend on their age. It is not every one that finds the age he deserves, and even when he finds it he does not always know how to utilise it. Some men have been worthy of a better century, for every species of good does not always triumph. Things have their period; even excellences are subject to fashion. The sage has one advantage： he is immortal. If this is not his century many others will be.

能夠生逢其時的人是少數且幸運的。不是每個人都能生而逢時；即便是生而逢時，也未必能把握時機。有的人就是生不逢時，因為，並非好就一定能無往不利。萬物都有屬於自己的時代，才俊也是應時而生。不過，智者有一個優勢：智慧不朽。哪怕現在不得志，今後也定會有許多別的勃發之機。

你不一定要很厲害，
才能開始。

機運一時，行動宜速

許多冠絕一時的人物之所以出名，是因為他們生逢其時，又或是有很好的機遇讓他們發揮所長。而許多人因為沒有趕上好的時機，只能空有才智而無法發揮。不過我們應當抱持這樣的想法：也許我們現在被埋沒了，但說不定哪天有機會發揮自己的才智，我們就能盡顯風采。

機會老人先送上他的頭髮給你，如果沒有及時抓住，等到後悔時，就只能摸到他的禿頭了。一個人即使學富五車，有統帥眾人的才能，也需要有合適的機會來一展長才，否則也不過是不受重視的平庸之輩。在通往失敗的路上，處處是錯失了的機會，那些坐等機會從上門的人，往往沒有意識到機會會從後門溜進來。只有主動爭取的人，才能發現並抓住千載難逢的良機。

有位探險家在森林中看見一位老農夫坐在樹樁上抽菸斗，他於是上前打招呼：「您好，請問您在這裡做什麼呢？」

老農回答道：「有一次我正要砍樹，那時突然風雨大作，將許多參天大樹刮倒在地，省了我不少力氣。」

「您真幸運！」

「您說對了。還有一次，閃電把我準備要焚燒的乾草給點著了。」

「真是奇蹟！請問現在您準備做什麼？」

「我正等待發生一場地震，把地下的馬鈴薯給翻出來。」

老農是坐等機會者，好運有時會眷顧他，但不可能永遠眷顧，他坐在樹椿上的行為不過是浪費光陰。至於探險家則是主動尋找機會者，只要機會出現，就會一鳴驚人，成為真正的成功者。

偉大的成就，永遠屬於富有奮鬥精神的人，而不是一味癡等成功降臨的不勞而獲者。

在美國，一種名為「卡駱馳（crocs）」的戶外運動鞋廣受歡迎，它柔軟舒適，防臭防汗，易於排水排沙，外形時尚。這個運動鞋品牌的成立，來自科羅拉多州的三位創始人的一個夢想——尋找適合划船運動的鞋子。據說，設計這款鞋子的靈感來自一位家庭主婦。這位家庭主婦因為想要一雙買菜時穿起來柔軟舒適又輕便的鞋子，於是設計了一雙鞋，外型很類似現在的卡駱馳鞋。這位家庭主婦的設計理念，被卡駱馳鞋業創始人充分吸收，製造出風靡全美的鞋子。

世界上最需要善於挖掘靈感和尋找靈感的人。一位家庭主婦的偶然設計，被卡駱馳鞋業創始人給發掘，成就現在卡駱馳鞋業的輝煌。倘若卡駱馳鞋業的創始人並沒有注意到這款平民化的設計，執著於自己的專業知識去製造鞋子，或許今天卡駱馳鞋業可能名不見經傳。

由此可見，聰明的人未必成功，而善於發揮才智、懂得利用各種機遇的人，更容易成就大事。

培根說：「智者所創造的機會，要比他所能找到的更多。正如櫻花樹那般，雖然靜靜地等待著春天的到來，但它無時無刻不在養精蓄銳。」人在等待機遇時，不能鬆懈於養精蓄銳的累積，還要時時窺測方位，審時度勢，以尋求利於自身發展的機遇。機會稍縱即逝，好運也不是常常都有，只發現機會遠遠不夠，還要懂得利用它，同時為自己製造更多的機遇。

正像人們所說的，倘若懂得如何處理事物，就會懂得如何享受其中的樂趣。有許多人好運不再，方才醒悟。他們虛擲光陰，待到迷途既遠，想要回頭，指望時光倒流，但光陰怎麼可能倒轉呢？

生活長久，機運一時，行動宜速，享受宜緩。機遇是一次次偶然的爆

時勢可以造人也可以毀人，而且是一轉眼的功夫。機會來臨時，不管你之前有多卑微，只要你把握住機會，你都可以成為英雄。

發，如果面對機運來臨時行動不迅速，錯過時才捶胸頓足，早已於事無補。

Culture and Elegance.
文明與優雅

Ignorance is very raw; nothing contributes so much to culture as knowledge. But even knowledge is coarse If without elegance. Not alone must our intelligence be elegant, but our desires, and above all our conversation. Some men are naturally elegant in internal and external qualities, in their thoughts, in their words, in their dress, which is the rind of the soul, and in their talents, which is its fruit. There are others, on the other hand, so gauche that everything about them, even their very excellences, is tarnished by an intolerable and barbaric want of neatness.

無知必定非常粗野、愚魯，唯有知識能教化。然而，若缺乏優雅，就算具備知識，也常顯得粗鄙。因此無論是才智、欲求，尤其言談，都要顯得優雅才行。有些人天賦異稟，慧於內、秀於外，不論是思想、言談、衣著（這是靈魂的外衣），還是才華（這是靈魂的果實）；相反的，儘管有人擁有部分優秀的特質，但若粗俗不堪，極度缺乏教養，則令人無法忍受，這使得他們的一切（甚至包括最優秀的品質）都失去了光芒。

想讓自己往理想靠近，首先不要輕易辜負自己。

不斷豐富學識以跟上時代潮流

許多人透過不斷地積累學識，提升自身的涵養，使自己的言行舉止顯現出非比尋常的教養，凸顯自己的品格。反觀一些人，則用他們的粗野和邋遢，玷汙他們的品格。

美國作家拿破崙•希爾說：「有人因過食而亡，有人因喝多而亡，更有人因無所事事而死。」人會無所事事，很顯然是因為不知進取。真正積極向上的人，生怕自己的智慧被埋沒，為了讓自己趨於完美，會不斷以文化知識來充實自己。

人之所以要不斷充實自己的學識，是時勢所趨。近十年來，人類的知識大約以每三年增加一倍的速度向上提升，知識總量以爆炸式的速度急劇增長，知識像產品一樣頻繁地汰舊換新。人們眼前的知識是有限的，單憑在學校所學，很快就會被拋在於社會的發展洪流中。

「流水不腐，戶樞不蠹」，人的腦力也需要持續思考來保持靈活和成長。只有不斷地學習新知，才能跟上時代的步伐，屢有創新。

系山英太郎是一位在日本政商界呼風喚雨的顯赫人物，三十歲就擁有幾十億美元的資產，三十二歲時成為日本歷史上最年輕的參議員。由二〇〇四年的《富比世》雜誌全球富豪排行榜中，可看到系山英太郎個人淨資產為四十九億美元，排行全球第八十六。他致富的祕訣何在？系山英太郎的答案是：「不斷學習是致勝的法寶。」

系山英太郎一直信奉「不斷學習新事物」的信念，每逢遇到自己不懂的事物，總是拚命去尋求解答：透過推銷進口車，他領悟到銷售的技巧；透過研究金融知識，他懂得如何利用銀行和股市，讓大量金錢流入自己的口袋……即使後來年齡漸長，系山英太郎仍不甘心被時代所淘汰。他開始學習電腦，不久後成立網路公司。即使已近老邁之年，系山英太郎依然勇於挑戰新的事物，熱心了解未知的領域。

正是憑藉著不斷地學習新知，系山英太郎使自己始終站在時代的尖端。透過孜孜不倦的學習，超越以往的表現，人們才能得到不斷發展的機遇。沒有人能大言不慚地說自己始終擁有驕傲的資本，因為任何人即使在某方面的造詣很深，也不能說已經徹底精通、研究透徹。不僅如此，只通曉一門學問，往往會讓人的性格和行為出現偏頗。必須見多識廣，不斷充實各方面的知識，才更能適應現代的多元社會。

以彼得・詹寧斯（Peter Jennings）為例，他曾是美國廣播公司（ABC）《今夜世界新聞》的當家主播。在此之前，他毅然辭去人人豔羨的主播職位，到新聞的第一線去進行自我磨練。他擔任過採訪記者，也曾是美國電視網駐中東的特派員，後來又成為歐洲地區的特派記者。經過這些嚴苛的歷練後，他重新回到美國廣播公司。此時的他，已由一個初出茅廬、略帶生澀的小夥子，成長為成熟穩健又廣受歡迎的主播兼記者。

彼得・詹寧斯最讓人欽佩的地方在於，當他在同行中的已經是出類拔萃的優秀者時，並沒有因此自滿，而選擇繼續學習，使自己的事業再攀高峰。

成功者無論處於人生的哪個階段，都會把不斷學習當成重要習慣。他們十分清楚自己的知識對社會是有價值的，同時也能為自己帶來更好的生活。

《黑道律師文森佐》：「無知不是罪，拒絕學習才是罪惡。」

Display yourself.
展現自我

Skill is however needed for display. Even excellence depends on circumstances and is not always opportune. Ostentation is out of place when it is out of time. More than any other quality it should be free of any affectation. This is its rock of offence, for it then borders on vanity and so on contempt: it must be moderate to avoid being vulgar, and any excess is despised by the wise. At times it consists in a sort of mute eloquence, a careless display of excellence, for a wise concealment is often the most effective boast, since the very withdrawal from view piques curiosity to the highest. It is a fine subtlety too not to display one's excellence all at one time, but to grant stolen glances at it, more and more as time goes on.

展示才能時要切合時宜，不合時宜的賣弄是徒勞無功。在展示才華的時候不可矯揉造作，否則容易流於炫耀，而炫耀則易招致嘲笑、輕蔑。展示才華時應該謙遜，以免流於粗俗。任何過分之舉皆為智者所不屑。有時無言勝有言，不經意的展現才華更讓人動心。明智的隱藏是贏得讚揚的最有效的途徑，因為人們對不了解的東西總抱有好奇心。不要一次全盤托出，要慢慢地展現你的才華，逐漸展露本領。

做自己，讓天賦自由。

別讓你的天賦被扼殺

每個人都有可能遇到一展長才的機會，要善加利用。才華洋溢的人，能把握適當的機會，顯露自己的微小才能，成為自己身上的亮點；當他們大顯身手時，展現的才華將令人震驚。所以我們當盡可能將恩賜的天賦給展露出來。同時注意，展露才華時要切合時宜，不要虛榮炫耀。不經意的卓越表現，更能引發他人好奇。

許多人過著平庸的生活，並不是他們不努力，而是因為他們總愛給自己設定許多的限制，從而束縛了他們的想像空間和潛能。這些人看似成天不停忙碌，其實已經為自己戴上「金箍罩」，將自身的才能完全隱藏起來，最終註定一生碌碌無為。這就像是被關在瓶子裡的跳蚤，時間一長，就算把瓶子拿開，再也跳不出去了。

科學家曾做過一個有趣的實驗：把跳蚤放在桌上，一拍桌子，跳蚤立即跳起，跳起的高度均超過其身高的一百倍。然後在跳蚤上方罩上玻璃罩，再拍桌讓跳蚤跳起。第一次拍桌時，跳蚤向上跳時撞到玻璃罩，連續多次碰壁後，跳蚤會改變自己的跳躍高度以適應環境，每次跳躍高度總保持在罩頂下方。接下來，科學家逐漸降低玻璃罩的高度，跳蚤都在碰壁後主動改變跳躍的高度。最後，玻璃罩已接近桌面，這時跳蚤已無法再跳了。科學家這時將玻璃罩移開，再拍桌子，跳蚤仍然不會跳，就變成「爬蚤」了。

跳蚤變成「爬蚤」的原因，並非是喪失了跳躍的能力，而是由於一次次的受挫，使牠學乖了，習慣了，麻木了。最可悲之處在於，當玻璃罩本身已經不存在了，跳蚤卻完全沒有出現「再試一次」的念頭。玻璃罩已經罩在牠的潛意識裡，罩在牠的心靈上，牠行動的欲望和潛能已被自己給扼殺。科學家將這種現象稱之為「自我設限」。

因為自我限制而變得平庸者，就是一隻悲哀的跳蚤，把自己的才能盡數丟棄。事實上，每個人都有成功的可能性，每個人都有別人意想不到的潛能，也有展示自己的機會，可是有時因為礙於面子、害羞或根本不思上進，最終將自己葬送在平庸的墳墓中。

人就像一塊磁鐵，一開始可以吸起比它重十二倍的物品，但如果除去磁性，甚至連輕如羽毛的東西都吸不起來。同樣的，人也有兩種。一種是有磁性的人，他們充滿信心，知道自己天生就是個勝利者、成功者，並善於展現自己的才華；而另外一種人則是沒有磁性，他們內心充滿畏懼和懷疑，機會來臨時，他們會說：「我可能會失敗，我可能會失去我的財產，人們會恥笑我。」

每個平凡的人，都有成為英雄的潛質，不要讓這種潛質沉睡在體內，而要盡量使自己的才能公諸於眾，避免令自己淪為凡夫俗子。

生活中，有無數人在閱讀一本激勵人心的書或一篇感人至深的勵志美文時，突然靈光一閃，驀地發現一個嶄新的自我。如果沒有這樣的書或文章，他們可能永遠對自身的真實能力懵懂無知。任何能幫助認識真正的自己、能喚醒自己全部潛能的事物，都是無價之寶。這些貨真價實的事物，幫助人們發現自己的天賦，督促人們變得審慎謙恭。這些事物所提供的偶然一語，或許就會深深撼動我們的內心。

文字能鼓舞人心，而生活就是另一種激發人施展才能的觸媒。我們常常會發現，當人遇到巨大的難題或偶然事件時，反而會表現得異常出色，這是因為被「逼」到絕境。正是擁有破釜沉舟的勇氣，身上的潛能才能得以發揮。平日循規蹈矩的生活，不知不覺間磨滅了創造力，安逸而平穩的生活只會造就平凡的人；而真正的天才，都是在困難時巧妙地運用智慧來脫困，使世人為他們的卓越成就而驚訝。

不要把自己限制在某個範圍，這世界的人很愛替別人打分數，為什麼連你都要替自己打分數？

Diligent and Intelligent.
勤奮與聰穎

Diligence promptly executes what intelligence slowly excogitates. Hurry is the failing of fools; they know not the crucial point and set to work without preparation. On the other hand, the wise more often fail from procrastination; foresight begets deliberation, and remiss action often nullifies prompt judgment. Celerity is the mother of good fortune. He has done much who leaves nothing over till to-morrow. Festina lente is a royal motto.

透過勤奮能加快實現你反覆思量的計畫。愚人常因匆忙而失敗，他們無法掌握要領，行事缺乏準備。與之相反的，聰明人的失敗常因拖延所致。他們深謀遠慮，再三斟酌，但這種擔擱往往讓他們無法及時作出正確判斷。因此，敏捷行事是幸運之母。講求效率，事不隔夜者，成就良多。馳而不疾是最好的。

瞻前顧後，容易經歷「決策後失調」。

常備不懈正是幸運之母

常備不懈才是幸運之母，遇到該做的事就立刻去做，絕不拖到第二天，這樣才能讓智慧發揮到最大的極限。別讓愚蠢的猶豫不決抹殺了你的才能，使你變得默默無聞。

有人問一位著名的藝術家，跟著他習畫的那位青年將來會不會成為一個大畫家？藝術家一口否認：「不，永遠不會！他沒有生存的苦惱，他每年都會從家裡得到好幾萬元的資助。」這位藝術家深刻明白，人的本領是從艱苦奮鬥中所鍛鍊出來的，在豐衣足食的環境中，才能很難發揮出來。

我們可以從翻閱歷史中得知，各行各業裡的許多成功人士，大多出身貧困，歷經刻苦奮鬥，才從逆境中脫穎而出。發明家、科學家、實業家和政治家，大多是為了實現提升自己地位的願望而努力向上、勤奮不懈，他們不僅天資聰慧，而且樂於付諸實踐。

成功，並不是偶然的結果，往往是排除困難後而得到的。偉人誕生於艱苦的環境，通常是一個慣性。

古希臘有位名為狄摩西尼的演說家，少時曾患口吃，不善言語，常常被別人嘲笑；然而他的人生志向卻是想成為演說家。狄摩西尼不甘心屈服於先天的弱點，於是每天到海邊或爬上高山，口含小石子，高聲演講。儘管口舌常被小石子磨破，但狄摩西尼不曾放棄。在狄摩西尼不懈的努力下，他終於變得能言善道，成為著名演說家而名垂青史。

刻苦者知道，必須靠自己，才能獲得成功人生；生長於優越的環境中，或時常依附於他人、無須靠自己的努力就能生活的年輕人，因為從小被溺愛成性，習慣躲藏在長輩的羽翼下，這種人極少成大事。

富家子弟與窮苦少年相比，就像溫室中的幼苗和飽受暴風驟雨吹打的松樹，富家子弟因為不懂得勞而所得的道理，也很少動腦思考、勤奮鑽研，他們習慣利用現成的事物，以致漸漸將自身的才華給磨滅。

日本教育界有句名言：「除了陽光和空氣是大自然的恩賜，其他的一切都要通過勞動獲得。」許多日本學生會利用課餘時間去打工賺錢，大學生勤工儉學的現象非常普遍，有錢人家的孩子也不例外。他們靠在餐廳端盤子、洗碗，在商店當銷售員，在養老院照顧老人或擔任家庭教師來賺取學費。

在孩子很小的時候，父母就灌輸他們一種思想——「不給別人添麻煩」。全家人外出旅行，不論孩子年紀多小，身上都要背個小背包。當他人問起原因，父母會回答：「他們自己的東西，應該自己背。」

勤奮耐勞，才不會在困難和逆境面前亂了陣腳，無助哀歎；學會吃苦，才能在奮鬥的路上多一份堅韌，多一些從容。

人們既應該善用才智，同時也應該勤奮刻苦，因為光有聰明才智是無法成功的，還要「付諸實踐」。幸運時常眷顧那些主動尋找它的人，但幸運是轉瞬即逝的，如果不在它還在身邊時迅速且確實地利用它，就只能眼睜睜看著到嘴邊的鴨子飛走了。

因為懶惰和懦弱而放棄現在的話，即使還有下次的機會，也不會有任何希望。

KAVARNA

Know how to take a Hint.
善察弦外之音

It was once the art of arts to be able to discourse; now it is no longer sufficient. We must know how to take a hint, especially in disabusing ourselves. He cannot make himself understood who does not himself easily understand. But on the other hand there are pretended diviners of the heart and lynxes of the intentions. The very truths which concern us most can only be half spoken, but with attention we can grasp the whole meaning. When you hear anything favourable keep a tight rein on your credulity; if unfavourable, give it the spur.

善談曾被認為是人與人互動時，必須掌握的技巧，但是現在光是這樣已經不夠了。我們必須懂得領悟暗示，尤其是在想要避免上當的時候。若不能有效理解他人，也就難以被他人理解。有些人就像極善揣測人心的術士、洞察獵物的山貓。偏偏那些對我們極為重要的真相，別人往往只說一半。然而，只要用心，我們就能完全理解箇中含義。對你看起來有利之事寧可信其無，而對你看起來不利之事寧願信其有。

> 見微以知萌，見端以知末。

見微知著，人生好運可預見

懂得如何推理，一度被視為是一切技藝的頂峰。但現在光懂推理還不夠，還必須有未卜先知的本領，特別是對於容易之事而言更是如此。唯有學會見微知著，才是個聰明人。

見微知著絕對不是一件簡單的事，它需要有充分的閱歷和超強的判斷力。有人天生謹慎，具備良好的判斷力，這是種天賦智慧，而準確的判斷力則是他的翅膀，幫他省下邁向成功途中的披荊斬棘。隨著人年齡和經驗的增長，理智更臻於成熟，此時的判斷力變得更加準確，並且能幫助人成就更多。不僅如此，擁有見微知著的判斷力，還可以幫人們避重就輕，或預見即將發生的事情，以便做出各種應對策略。

一九七〇年六月，**IBM**公司的研究人員埃德加•科德（**Edgar F. Codd**）發表一篇名為〈大型共用資料庫資料的關係模型〉論文，這篇論文後來被公認是資料庫發展史上的一個重要轉折。在這篇論文發表以前，資料庫結構通常採用等級式結構，人們必須按資料庫的層級搜索才能查到想要的資訊。這種層級資料庫操作起來十分複雜，既費時又不方便。科德的「關聯式資料庫理論」提出：輸入一道命令，就可以得到所有的資訊和資訊之間的關係，這將使資訊查詢變得非常簡便和快捷。

按照科德的關聯式資料庫理論，人們可以從各種資料中找到內在聯繫。如果這項技術獲得應用，將會為很多公司提供便利的工作條件。例如在超市，工作人員可以很快速地查出哪些產品暢銷、哪種產品的銷售量最好、產品銷售排名等。科德的這篇論文鼓勵人們開發設計功能最完全的關聯式資料庫，並引發了一系列後續的資料庫理論研究成果。其中，一九七六年IBM的R系統設計最引人注目。

一九七六年，IBM研究人員科德又發表一篇關於關聯式資料庫的研究成果〈R系統：資料庫關係理論〉，介紹關聯式資料庫理論和查詢語言SQL。在一個偶然的機會下，後來成為全球大型資料庫軟體公司——甲骨文公司的CEO賴瑞・艾利森（當時他還是一家公司的技術人員）看到這篇論文，他仔細閱讀後，認為這是第一次有人提出如此全面細緻的資料庫模式管理方案。雖然當時關聯式資料庫理論被認為不具備商業價值，因為看起來執行的速度太慢，無法滿足處理大規模資料或大量使用者存取資料的需求，但它具有極大的潛在價值。

IBM在一九七三年就啟動了R系統專案，來研究關係型數據庫的實際可行性，但卻遲遲未推出這種產品，主要的原因是當時IBM的IMS（著名的層次型資料庫）銷量非常好，該軟體的使用者眾，若此時推出關係型數據庫，將會影響IMS的銷售量。因此，IBM將研製關聯式資料庫一事暫時擱置。

艾利森看完科德的研究成果後，堅定地告訴他的同伴：「我們可以開發這個軟體，我們會因為它發大財！」他非常敏銳地意識到，在科德的研究的基礎上，可以開發商用軟體系統，並有著廣闊的市場前景。

IBM的研究人員大多是學者出身，所以他們最感興趣的是理論而不是市場。從學術角度來看，研究成果應該公開，發表論文和演講能使他們成名。但艾利森卻剛好相反，他雖然認為這種理論非常先進，但沒必要再繼續研究理論，他需要走在所有關聯式資料庫的研究人員的前面，率先把這項研究成果變成實際產品，進而推向市場。

一九六〇年代開始，美國的民航、劇院、銀行、商場和超市等行業的許多工作已開始電腦化。資料庫技術的廣泛應用，使許多行業變成現今常見的模式，只需要掃描條碼，就可以完成資料的登錄。IBM覺得層級資料庫已足以滿足這些需求，只是在資料查詢上較為煩瑣，因而IBM並沒有進行關聯式資料庫

當我們所找到的東西不是真相時，真相會向我們發出瑣碎又細微的信號。

產品的研發。

但艾利森預見關聯式資料庫的強大市場前景，並勇於向IBM挑戰。他曾多次在公開場合發表他的前瞻性觀點：「商用關聯式資料庫有強大的功用和寬廣的發展前景，它早晚會取代層級資料庫而成為市場主流產品。隨著科技的日新月異，電腦運算速度的問題會得到解決，我相信，誰先占領關聯式資料庫的市場，誰就能成為電腦行業未來的先鋒。」由於艾利森只是個小小的技術人員，沒有人對他所提出的預測有太多關注，在別人眼中，艾利森的觀點簡直是「謬論」，沒有人願意投資。但是，艾利森堅信，關聯式資料庫有無限的發展前景。

藍色巨人IBM放棄這個日後價值上百億的產品，讓艾利森撿了個大便宜。艾利森曾無比自豪地說：「IBM發表了R系統論文，但卻沒有很快推出關聯式資料庫產品，是他們的這一項疏失成就了我。」

直到一九八五年，IBM才推出關聯式資料庫的產品DB2，而那時，艾利森早已靠著關聯式資料庫成為千萬富翁，笑傲商場。

一篇小小的論文造就了億萬富翁。艾利森憑藉的是前瞻性的優勢，早一步發現關聯式資料庫理論的優點，搶先進行研發。如果沒有這種前瞻性的眼光和見微知著的能力，相信他也無法達到如此輝煌的成就。艾利森從一點看到的是全面的未來，他的預見成就了他的輝煌，這正是見微知著的最佳解釋。

見微知著的能力並不是人人具備，它需要長時間的培養。擁有豐富的社會經驗或天資聰穎的人，才能具備這種判斷和推理能力。它可以讓人事先預料事情的發展趨向，幫人做出更好的應對策略。能見微知著的人，如果到海上航行，他不是擔任主持航海大計的船長，也一定會成為舵手之師。在這種人的領導下，人們能預防災難降臨，並預見好運。

擁有見微知著的判斷力，是人生一帆風順的智慧基石，缺少了這種能力，如同一位將軍失去了甲冑，將自己脆弱的肉身暴露在敵人面前，任人宰割。

人的一生應具備兩種才華：能「選擇」和能「做出最佳選擇」的才華，這就是見微知著的能力。許多人靈慧多智，判斷嚴謹，既勤奮又多聞博識，但在選擇上卻常常失敗。知道如何選擇和進行最佳的選擇，正是上天賦予人類最偉大的才華之一。

如何培養見微知著的才能那就是仔細觀察生活中的大小事物，謹慎小心地做事。審慎可以不斷提高人的推理判斷能力，讓其預見好運與厄運。

PART 4

天才背後，除了天賦還有耕耘

橫溢的天才一如沃土，
但如果不加耕耘，也可能產生莠草。
有些人在創業時，充滿倦怠，直到生活出現問題，
才迫不得已開始努力，直到筋疲力盡，
依然一事無成；有些人只想成功卻不想奮鬥；
有些人先做最緊要的事，
而把那些能讓自己熱衷甚至廢寢忘食的事，
拖到晚年才做；
這些人都忽視了一點，
儘管他們擁有令人豔羨的天賦，
但從不為釋放天賦而努力，
最後只能白白埋葬了卓越的能力。

Have reasonable views of yourself and of your affairs.
理性看待自己和自己的事

Everyone has a high opinion of himself, especially those who have least ground for it. Everyone dreams of his good-luck and thinks himself a wonder. Hope gives rise to extravagant promises which experience does not fulfil. Such idle imaginations merely serve as a wellspring of annoyance when disillusion comes with the true reality. The wise man anticipates such errors: he may always hope for the best, but he always expects the worst, so as to receive what comes with equanimity.True, It is wise to aim high so as to hit your mark, but not so high that you miss your mission at the very beginning of life.

人皆自視過高，越平庸者越是如此。每人都夢想走運，並期望自己是個奇才，然而非分之想總難以如願。這種非分之想是煩惱的源泉，因為現實會讓它幻滅。明智之人總是抱著樂觀的期待做最壞的打算，平靜地接受事情的後果。是的！瞄準高處的箭靶，才能射中目標；但你不能瞄得太高，使自己在涉世之初就找錯目標。

風生水起要靠自己，
即使一敗塗地也要學
會絕地反擊。

明智的人比天才更可敬

若自視甚高，並自以為是天才，滿懷希望要大展宏圖，但現實卻不能使人如願。所以人們應保持明智，即使充滿希望，也不要忘記做好最壞的打算；即使確立了遠大的目標，但也要明白不可好高鶩遠。明智是治療各種愚行的萬靈藥。

真正明智的人，會優先做好自己。這種人不會設立虛幻的目標，而是老老實實的做人，規規矩矩的做事，從不目中無人，因為他知道，就算自己是天才，也還有很多無法解決的問題。但現實生活中，真正明智的人並不多見。

有個義大利人年輕時到美國學習雜耍，終於使自己聞名世界。二十幾年後的某一天，他決定退休，返回家鄉定居。他變賣了所有財產，買了一顆鑽石和一張返回義大利的船票，把鑽石藏在他的艙房裡。

登船後，他向一位男孩表演同時拋耍六顆蘋果。不久，一批觀眾聚攏圍觀，此刻的成就使他洋洋自得，他跑回艙房拿出那顆珍貴的鑽石，向觀眾解釋說這是他畢生的積蓄，隨後便開始拋耍那顆鑽石。他的表演愈來愈驚險，鑽石越丟越高，觀眾皆屏息以待。眾人都知道鑽石價值高昂，勸他別再繼續。但這個藝人受當時氣氛的影響，再次把鑽石拋得更高。觀眾再次屏息，在他接住鑽石的那一刻鬆了口氣。

藝人對自己的能力充滿信心，告訴觀眾將再丟一次鑽石，這次他將把鑽石拋得更高，甚至將暫時從眾人的眼前消失。他不顧旁人的勸告，憑著多年經驗產生的自信，把鑽石高高拋起。鑽石真的在眾人眼中消失了片刻，然後在陽光照耀下發出閃爍的光芒。就在這一剎那，船身因大浪傾斜了一下，鑽石掉入海中，消失得無影無蹤。

如同故事中的藝人一樣，我們有時也在玩弄自己的幸運，相信自己的能力，相信過去成功的經驗，炫耀著自己的技巧……卻不知道船將在何時傾斜，而終將永遠失去機會。

做人難，做個明智的人更難。想要成為明智的人，一定要從規規矩矩、認認真真做人開始，別在人生舞臺上進行危險性的雜耍，因為雜耍的意外性遠高於確定性，古怪和不經思考所做出的舉動，只會化作人類的愚行，將人推入無法自拔的深淵。

雖說做人、做事有很多長篇累牘的道理，並且都有其屹立不倒的理由和根據，但浮華褪盡你將發現，做人之道其實就是「明智」而已。明智會讓人擁有一顆審慎、寵辱不驚、應對自由的心，使人在得意時不忘形，在失意時不氣餒。

一九六八年，第一位踏上月球的太空人阿姆斯壯，以「這是我個人的一小步，卻是全人類的一大步」的一段話而名留青史。

當時登陸月球的太空人，除了阿姆斯壯之外，還有他的隊友艾德林。當時，兩人只有一步之差，結果卻天差地遠，阿姆斯壯以「踏上月球的第一人」聞名於世，艾德林卻默默無名，知道他的人寥寥無幾。

在慶功宴上，當眾人為這項前所未有的創舉感到無比驕傲時，一名記者突然問艾德林：「阿姆斯壯先步出太空艙，成為登陸月球的第一人，你會不會覺得有些遺憾？」

此時，氣氛一下子降到了冰點，連阿姆斯壯都顯得有些尷尬，眾人紛紛把目光轉向艾德林，看他怎麼應對這突如其來的燙手山芋。艾德林神情自若，微微一笑：「各位千萬別忘了，回到地球時，我是最先走出太空艙的人，所以我是從月球回到地球的第一人。」

話音剛落，人群中響起了一陣笑聲，尷尬的場面被艾德林巧妙的話語輕鬆地化解了，熱烈的掌聲持續了一分鐘之久。

沒有人可以踏一步就成功，唯有腳踏實地才能向目標邁進。

一位思想家曾說：「不要為自己所沒有的東西感到苦惱，能享受自己現在所擁有的，才是最聰明的人。」**生活雖然是不公平的，但人們可以用自己的明智，讓生活變得有趣，化腐朽為神奇**。終日奢求自己成為一個偉大的人，成為一個天才，通常得到的都是失望，不如懷著一顆樂觀的心，以睿智的思考來面對生活、面對現實。

Know how to take your own Part.
懂得自立自強

In great crises there is no better companion than a bold heart, and if it becomes weak it must be strengthened from the neighbouring parts. Worries die away before a man who asserts himself. One must not surrender to misfortune, or else it would become intolerable. Many men do not help themselves in their troubles, and double their weight by not knowing how to bear them. He that knows himself knows how to strengthen his weakness, and the wise man conquers everything, even the stars in their courses.

面對危難時，勇敢的心就是最好的後盾。若心生脆弱，就得靠思緒來強化自己。意志堅定的人，憂慮自會消失。千萬別向厄運低頭，否則厄運之神會變本加厲，更加囂張。面對困境時，很多人未學習自救，不懂得承擔艱難，因此備感痛苦。有自知之明的人則能夠自省以克服自己的弱點；而智者則無往不利，甚至可以改變命運。

> 我只在必須勇敢的時候勇敢。勇敢並不代表自找麻煩。

勇敢的心是渡過困境的好伴侶

在困境中，勇敢的心是最好的伴侶。獨立的人知道，絕不可向厄運低頭，否則厄運之神會更加猖狂。所以遭遇危難時，有人幾乎不能振作並面對它，又不知道如何忍受，於是苦上加苦；有人則因為有著堅強的心。

對強求生活公正公平的人來說，生活就是一齣無法改變的悲劇。承認「生活是不平等」，並不意味是一切消極的開始，**正因為接受了這個事實，才**

能放寬心，找到屬於自己的人生定位。

命運中總是充滿了不可捉摸的變數，如果這些變數為人們帶來了快樂，當然很好、很容易讓人接受，但事實往往並非如此，有時變數帶來的是可怕的災難，這時如果不能學會接受它，讓困境主宰了心靈，生活就會永遠地失去陽光。

成功學大師卡內基說：「有一次，我拒絕接受所遇到的一種不可改變的情況。我像個蠢蛋，不斷作無謂的反抗，結果讓自己徹夜失眠，把自己整得很慘。經過一年的自我折磨，我不得不接受自己無法改變的事實。」

面對不可避免的事實，應該學著做到詩人惠特曼所說的：「讓我們學著像樹木一樣順其自然，面對黑夜、風暴、饑餓、意外等挫折。」

人生中的逆境往往多於順境，如果慌亂緊張，沉淪其中無法振作，會使困難變得不可逾越，不如順其自然，泰然處之。

當美國勵志大師拿破崙‧希爾還是個孩子時，有一天，他和幾個朋友在密蘇里州西北部的一間荒廢老木屋的閣樓上玩。當他要從閣樓爬下來時，先在窗欄上站了一會兒，然後往下跳。

他左手的食指上戴著一枚戒指。當他跳下去時，那個戒指剛好勾住了一根釘子，把他整根手指扯了下來。他尖叫著，嚇壞了，以為自己死定了。可是他的手傷痊癒後，就再也沒有為這件事煩惱過。煩惱再多又有什麼用呢？當危機來臨時，必須虛心接受，把它當做不可避免的事實。日後的拿破崙，根本就沒再煩惱過他的左手只剩四根手指頭的問題。

還有一次，拿破崙・希爾在紐約市中心一棟辦公大樓裡，碰到一位電梯服務員。拿破崙・希爾發現到這個人沒有左手。於是問他：少了左手會不會覺得難過？他回答：「噢，不會，我根本就不會想到它。只有在穿針時才會想起這件事情。」

此時，拿破崙・希爾想起在荷蘭首都阿姆斯特丹一座十五世紀的老教堂廢墟上寫的一行字：「事已至此，就不會另有他樣。」

許多時候，在迫不得已的情況下，人們能很快接受事實，讓自己盡快適應，或乾脆忘了它。在人生的歲月中，每個人都會碰到一些令人感到不快的事，事情既然已經發生，無法改變，就只能坦然接受，或以堅強的心靈來面對。

心理學家暨哲學家威廉・詹姆斯曾說：「要樂於接受必然發生的情況。」接受所發生的事實，是克服隨之而來之任何危機的第一步。因為接受了危機出現的可能性，人的體內會產生一種抗爭力，大膽地將它釋放出來，然後發現沒有什麼事情是無法克服的。

莎拉・伯恩哈特曾是四大州劇院裡獨一無二的皇后——全美國觀眾最喜愛的女演員。她在七十一歲那年破產了，不但失去了畢生積蓄，而且她的醫生、巴黎的波茲教授告訴她，為了活下去，她必須截肢。

原來莎拉・伯恩哈特在乘船橫渡大西洋時遭逢暴風雨，發生了摔跤的意外。那時她摔倒在甲板上，腿傷十分嚴重，還引發靜脈炎，經醫生診斷，莎拉的腿一定得截肢。這位醫生不敢將這個消息告訴莎拉，他擔心這個可怕的消息

如果信念有誤，就找出癥結點，但不要去執著，承認自己脆弱，也是進步和表現勇敢的方式之一。

一定會使她極為憤怒。可是他錯了，莎拉注視了醫生一會兒，然後很平靜地說：「如果事情非這樣不可的話，就只好照辦了。」

當莎拉被推進手術室時，她的兒子站在一旁傷心地哭泣。她朝他揮了揮手，故作輕鬆的笑著說：「不要離開，我馬上就回來。」在前往手術室的途中，她一直背誦所演出某一齣戲裡的臺詞。有人問她這麼做是不是為自己提振精神？她答：「不，我這麼做是想逗醫生和護士們開心，他們所承受的壓力可是大得很呢。」

當手術完成、恢復健康後，莎拉．伯恩哈特繼續環遊世界演出，使她的觀眾又為她癡迷了七年。

生活就是這樣，苦難可能在我們毫無準備時降臨，能夠克服它的，必然是堅強的心靈。而真正了解自己遭遇的人，必然會仔細思考如何讓生活變得順利，走出困境對於這種人來說，是非常容易的事情。

Know how to show your Teeth.
適時拿出魄力

Even hares can pull the mane of a dead lion. There is no joke about courage. Give way to the first and you must yield to the second, and so on till the last, and to gain your point at last costs as much trouble as would have gained much more at first. Moral courage exceeds physical; it should be like a sword kept ready for use in the scabbard of caution. It Is the shield of great place; moral cowardice lowers one more than physical. Many have had eminent qualities, yet, for want of a stout heart, they passed inanimate lives and found a tomb in their own sloth. Wise Nature has thoughtfully combined in the bee the sweetness of its honey with the sharpness of its sting.

即便是兔子也敢拔死獅的鬃毛。真正的勇氣可不是開玩笑的。只要退縮了一次，就會有第二次、第三次……最後，要克服它比第一次所要付出的努力多得多。精神上的果敢遠勝過體力上的蠻勇，它應如以理性為鞘的利劍，藏而待機。勇氣是你自衛的武器，精神上的軟弱比身體上的虛弱更能予人重擊。很多人資質非凡，卻因缺乏這種豪氣，因而死氣沉沉地枉過一生，在萎靡中死去。奇妙的大自然自有其絕妙的安排：甘甜的蜂蜜和尖銳的毒刺同時賦予蜜蜂，絕非無意之舉。

勇敢地跨出第一步，就是你膽試的最好證明！

有識有膽可成偉業

勇氣和愛情一樣，都絕非開玩笑的事，只要屈服過一次，就會一而再、再而三地屈服。既然人們終須克服這樣的困難，那倒不如一開始就克服它，未來就不用再懼怕同樣的危險。然而有人嘴上說著「勇敢」，實際上卻膽小如鼠，若仍有骨氣，就別讓精神軟弱，既然敢想敢說，就要敢做敢當。

人在面對不可逾越的困難時，只要還有勇氣向困難挑戰，就表示還沒有失敗。之前所承受的失敗，都可以當成成功的寶貴經驗，藉此創造意想不到的收穫。因此，當勇氣存在、骨氣未失時，就已經擁有立於不敗之地的機會。

一八六五年，美國南北戰爭結束。一名記者採訪林肯時，發生這樣一段對話。

記者：「據我所知，上兩屆總統都想過要廢除農奴制，《解放黑奴宣言》早在當時就已起草，可是他們都沒能簽署它。請問總統先生，他們是不是想把這份偉業留下來，讓您去成就英名？」

林肯：「可能有這個意思吧。不過，他們如果知道拿起筆去簽署，所需要的僅只是一點勇氣，我想他們一定會非常懊惱。」

記者還沒來得及追問，林肯搭乘的馬車就駛離了，因此，記者一直都無法理解林肯所說的話。

直到一九一四年，林肯已去世五十年，記者才在林肯致朋友的信中找到答案。在這封信裡，林肯談到幼年時的一段經歷：

「我的父親在西雅圖有一座農場，農場裡有許多大石頭。正因如此，父親才得以用較低的價格買下它。有一天，母親建議把農場裡的石頭搬走。父親說，如果這些石頭可以搬得走，農場的前主人就不會把農場便宜賣給我們了。這些石頭是一座座小山頭，都與大山相連著。

有一年，父親去城裡買馬，母親帶我們到農場工作。母親再次提議一起將這些礙事的石頭搬走，於是我們開始挖掘那一塊塊石頭。沒有花太多的時間，就把石頭給清空了，因為這些石頭並不是父親所想像的那樣，與山相連在一起，而是一塊塊孤零零的石頭，只要往下挖一英尺，就可以晃動它們。」

林肯在信的最後說道，**有些事情人們之所以不去做，只是因為他們認為不可能，而許多的不可能，只存在於人們的想像中**。人們其實已具備了行動的能力，但是在面對障礙時，卻讓精神萎靡，失去骨氣，而被擊倒。人生的不幸，往往正是從沒有膽識開始。

二十世紀初，有個愛爾蘭家庭想移民美洲。他們的生活非常窮困，於是辛苦工作，省吃儉用了三年多，終於存夠錢買前往美洲的船票。當他們登上船，被帶到甲板下睡覺的地方時，全家人以為整個旅程中都得待在甲板下，而他們也確實這麼做了：僅吃自己帶上船的少量麵包和餅乾充飢。

日復一日，他們以充滿嫉妒的眼光看著頭等艙的旅客在甲板上吃著奢華的大餐。最後，當船即將停靠埃利斯島（Ellis Island，又譯愛麗絲島）時，有個孩子生病了。他的父親對服務生說：「先生，求求你，能不能賞我一些剩菜剩飯給我生病的孩子吃？」

服務生回答：「為什麼這麼問？這些食物你們也統統都可以享用啊！」

「是嗎？」這位父親說，「你的意思是，在整個航程裡，我們都可以享用這些食物？」

「當然！」服務人員以驚訝的口吻說，「在整個航程裡，這些食物也供應給你和你的家人享用，船票只是決定就寢的地方，並沒有決定你用餐的地點。」

只要還有力氣就不該放棄，有很多人會浪費時間躊躇不前，要相信自己一定辦得到！

每個人都有一大堆願望，也有一堆的想像，正是缺少勇氣的想法，影響他們做出選擇。他們因為恐懼而害怕實現自己認為不可能的願望，因此錯過了成功的機會。

許多成功的人，如果當初面對一個個「不可能」時，因恐懼失敗而退卻，放棄嘗試的機會，就不可能迎接成功的降臨，並將平凡地度過一生。勇氣和膽識讓他們敢於一次次挑戰自我、挑戰潛能，下定決心去做，讓他們最終贏得精彩燦爛的一生。要知道，在勇敢面前，困難會退卻，而懦弱往往令困難變本加厲。也許膽識未必總能激發人類變得偉大，但沒有強壯的精神能力，人將永遠無所適從。

Application and Ability.
實力＋苦幹＝成功

There is no attaining eminence without both, and where they unite there is the greatest eminence. Mediocrity obtains more with application than superiority without it. Work is the price which is paid for reputation. What costs little is little worth. Even for the highest posts it is only in some cases application that is wanting, rarely the talent. To prefer moderate success in great things than eminence in a humble post has the excuse of a generous mind, but not so to be content with humble mediocrity when you could shine among the highest. Thus nature and art are both needed, and application sets on them the seal.

要想聲名顯赫，必須兼有實力與實幹精神，有實幹精神的平庸之輩比沒有實幹精神的高明之輩更有成就。用奮鬥去贏取功名吧！輕易能夠得到的東西，值不了多少錢。一個人不能擔任要職往往並非由於缺少才能，而是因為缺乏實幹的精神。寧願在偉大的事業上取得普通成就，也不想在低級職位上出類拔萃，這本也無可厚非；如果你本是天才，卻甘於平庸，這就沒有藉口可以辯解。所以，除了天賦與後天努力之外，付出努力是確保成功的關鍵。

如果你讓自己隨時都準備好能夠上場，就不需要再等待時機。

踏實的笨蛋比浮誇的騙子更有成就

要想聲名顯赫，必須兼具實力與苦幹精神，有苦幹精神的平庸之輩能夠比不願苦幹的聰明人更有成就。造詣與資質都是人們成功所需的要素，但得有實幹精神相助，兩者才能盡善盡美。不僅如此，除了能幹，人們也要明白如何展現自己的專長。

想要有所成就的人，實幹精神即他們的人生信條。因為他們知道，單純地擁有天賦和想像力，而未能具體實踐的人，成功不可能降臨。腳踏實地正是展現一個人能力和實力的方法，也是人們成功的必要條件。

英國有一位名叫法蘭克的青年，他從小立志創辦雜誌。有一天，法蘭克看見一個人打開一包香菸，從中抽出一張卡片，隨即把它扔到地上。法蘭克彎下腰拾起這張卡片，卡片上印著一位著名女演員的劇照。照片下方印有一句話：這是全套劇照的其中之一。

菸草公司藉由在香菸包裝中隨機置入知名女演員的小卡片，吸引顧客收集全套照片，以此作為促銷手段。法蘭克翻到卡片的背面，發現竟然完全空白，他敏銳的感覺到這其中有商機，他認為：如果充分利用附在菸盒裡印有劇照的小卡片，在照片背面空白處印上該女演員的小故事，照片的價值就能大大提高。

法蘭克找到印刷這種小卡片的印刷公司，向該公司經理推薦他的想法，最終被經理採納，這就是法蘭克最早的寫作工作。後來，他撰寫小故事的需求量與日俱增，開始不得不請人幫忙，於是他請了自己的弟弟幫忙，每篇支付五美元的報酬。不久，法蘭克又聘用了五名報社編輯幫忙撰稿，以供應印刷廠所需。最後，他如願以償地擔任一家著名雜誌的主編。

如果法蘭克缺乏聯想能力，那麼卡片到他手中就是一張廢紙；如果法蘭克只是單純地想在卡片背後附上人物的經歷，而不去找印刷工廠提供創意，那麼法蘭克也不可能成功。

生活有時給了你很多機遇，也給了你造詣和資質，但是如果不懂得付諸行動來展現自己的才能，這時失敗的惡魔已緊跟在後，等著你掉入它的深淵。腳踏實地是擺脫噩運的方法，也是通往成功的階梯。

有時候聰明才智往往會給人錯覺，讓人以為勤奮和實幹對有天賦的人來說是沒用的，許多人就是因為擁有這種想法而裹足不前。人們常以為天才可以不費吹灰之力就能夠成就大事，甚至認為他們不需要經歷刻苦奮鬥和抱持謹慎態度，就能取得顯著成績，這完全是一種謬誤。人稱股神的投資大師巴菲特，在金融市場裡所向披靡，但是他也有犯錯的時候，他對股票市場始終心存敬畏，無時無刻觀察著股市的變動，絲毫不敢怠慢。上天賦予他聰穎的智慧和對股市的敏銳觀察力，更因為他的全心投入，才成就了今日的股神。

「我其實上比任何一位在田野裡耕耘的農夫都更苦更累。」英國畫家米萊（John Everett Millais）曾如此說。他作畫時總是達到忘我的境界。當他提到年輕人時說：「我對所有年輕人的忠告是：『去工作吧！』不可能人人都是天才，但是人人都能工作。不工作的人，即使天賦再高、絕頂聰明，也無法創造輝煌。」沒有艱辛就沒有成就，大人物的豐功偉績，靠的都是腳踏實地與持之以恆的耐心。

洛可可藝術家雷諾茲（Frances Reynolds）指出，對一個智力與能力普通的人來說，勤奮就是彌補才智的方法。如果能立定目標、用對方法，勤奮地工作，成功將會來到你面前。人們應有一種觀念：並不是用一顆易感的心，加上豐富的想像力，就能讓你成為巨人，關鍵在於要懂得如何展現自己的能力。

縱使在追尋夢想的路上會遇到很多困難，仍應該勇敢克服！靠自己的力量所獲得的成果是最甜美的！

In every occupation if you know little stick to the safest path.
所知不多，就走最安全的路線

In every occupation if you know little stick to the safest. If you are not respected as subtle, you will be regarded as sure. On the other hand, a man well trained can plunge in and act as he pleases. To know little and yet seek danger is nothing else than to seek ruin. In such a case take stand on the right hand, for what is done cannot be undone. Let little knowledge keep to the king's highway, and in every case, knowing or unknowing, security is shrewder than singularity.

學識不淵博就力求慎行，即便很難獲得機靈之名，卻會因為穩妥而得到認可。見多識廣者可以放手而為，勇往直前；但如果你一無所知而去冒險，就和自毀沒有兩樣。在這種情況下最好是按照規矩來，要知道覆水難收。所知不多的人，要走穩當的大道，不要標新立異。總而言之，不管學識是否淵博，穩妥行事要比獨樹一幟更加明智。

學習的重點並不是「要進入哪個學門」，而是「想走向哪個地方」。

先求穩當，次求變化

如果你所知不多，但對於一些了解的事物能肯定地闡釋它們，這就已經足夠。他人雖然不致因此認定你很聰明，但至少會認為你誠懇踏實。了解事物真相的人有條件去冒險、馳騁想像；但若一無所知而去冒險，將是自取滅亡。對於知識涵養不足的人來說，「循規蹈矩」是最好的生存方法。不管如何，這總比故弄玄虛要來得安全得多。

世界上沒有兩片完全相同的樹葉，每個人的天賦也各有不同。你也許在某方面表現突出，而在其他方面可能有所欠缺，所以，最好聚焦在自己的潛能優勢，找出一個與潛能相符的發展方向，如此成功的機會便會增大。至少，你是個踏實的人，而不是一個自作聰明的傻子。

每個人的時間和精力有限，不可能把所有的事都做到最好，但是至少可以將其中的一件事做到完美。心無旁騖地做一件事，就容易成功。

在一個名為費斯勒的小山村裡，有一位名為霍爾的木匠，老霍爾的手藝遠近馳名，他的祖傳手藝廣受好評，只要有人家的兒女年屆婚嫁之齡，就會早早買好木料排在老霍爾家的庭院裡，只擔心老霍爾來不及做傢俱給新人。費斯勒村中聰明伶俐的男孩，都想方設法接近老霍爾，希望能從他身上學到一技之長，然而這都是枉然──老霍爾有四個兒子，他早就想從四個兒子中選出一個接班人，使他的祖傳手藝能繼續傳承下去。

老霍爾的四個兒子中，小兒子最為聰明且有天分。但是，老霍爾的小兒子就是不願意當木匠，他說一聽到鋸子與木頭的摩擦聲，渾身就起雞皮疙瘩，與其做木匠，還不如殺掉他。

有一年夏天，小兒子和老霍爾大吵一架後，負氣背著行囊前往大城市謀生，把老霍爾氣得渾身發抖。

小兒子這樣一走就是三年，三年裡只寫過三封信回家。第一封信是第一年過年時寫的，他說大城市到處都是工作機會，只要運氣好，工作一年勝做木匠十年。老霍爾看了信後未發一語。第二封信是第二年過年時寫來的，小兒子說大城市裡的工作機會雖多，但沒有一個是留給鄉下人的，他依然在替人打工，比做木匠要辛苦多了，老霍爾仍不置一詞。

第三封信是第三年耶誕節寫來的，老霍爾看完信後只說了一句話：「叫他回來吧。」十天後，小兒子瘸著一條腿回來了。小兒子回家後，老霍爾既不問他外面的事，也不讓他工作，小兒子天天吃飽了睡，睡飽了吃。可是，再懶的人也閒不住，一段日子之後，他就主動去幫父親做零活。

老霍爾對他說：「你在這裡礙手礙腳，倒不如去把院子裡那堆廢料賣掉吧！」小兒子高高興興地裝了一車的料，拉到市集上賣了一百元。幾天後，老霍爾要他把做好的幾個櫃子賣掉，這次賣了一千元。又過了幾天，老霍爾要他去賣一組屏風，這次更賣了一萬元。當小兒子將錢拿給父親時，心中有一種抑制不住的興奮。老霍爾說：「同樣是一堆木頭，當劈柴，它值一百元；做成櫃子，它值一千元；做成屏風，就值一萬元。這之中最值錢的是什麼，你知道嗎？是手藝。」

要做好一件事，必需要集中精力發展，而不是貪求多元速成。有些人涉足領域廣泛，學習各種知識，但是底子不夠深厚，在每個領域都沒有很強的競爭力。訂定了很多目標，什麼都想做，但什麼都沒能做好，這種人真正缺乏的是「核心競爭力」，也就是沒能找到自己的競爭優勢。

集中力量發揮自己的優勢，就不能使自己的力量分散。篤定於一才，是最正確發揮自我能力的方法。人的生命和精力有限，人生發展是無限，千萬不要做消耗式的人生規劃。要成就完美，重質不重量。與其成為一個學藝廣而不

一旦你走了捷徑，世人便會忽略你的努力。

精，被人說是「樣樣會樣樣不精」的人，不如成為某個領域的專家，強化自己的優勢，使自己超人一等。正所謂「一招鮮，吃遍天」，一技之長是一個人成功的重要資本。

Recognize faults, however high placed.
及時洞察事物的不足之處

Integrity cannot mistake vice even when clothed in brocade or perchance crowned with gold, but will not be able to hide its character for all that. Slavery does not lose its vileness, however it vaunt the nobility of its lord and master. Vices may stand in high place, but are low for all that. Men can see that many a great man has great faults, yet they do not see that he is not great because of them. The example of the great is so specious that it even glosses over viciousness, till it may so affect those who flatter it that they do not notice that what they gloss over in the great they abominate in the lower classes.

真正的邪惡本質是無法掩藏的，哪怕它頭戴金冠身穿綾羅綢緞，終究會被正直者識破。就像奴性無論再怎麼炫耀主人的尊貴，也無法減低其卑劣本質。邪惡可以美化，不過，終究不失其拙劣。有人會說不少偉人也有過失，卻未悟到他們之所以成為偉大的人並非這些不足。居高位者非常具有說服力，眾人爭相仿效。獻媚討好者甚至仿效其陋臉，殊不知，那些掩蓋在顯赫光環下的醜陋，一旦裝飾消失，將令人生厭。

每個人都是好壞參半，這也成就了我們的獨特性。

苛求完美就是虐待自己

英雄之所以成為英雄，使之輝煌的正是其傑出的一面，人們注意到其傑出面的同時，一旦看到英雄的不完美處卻變得難以容忍。我們必須體認到，人人都有缺點，就算是英雄也不例外。因此，看一個人不應只注意它的缺點，要觀察其美好的一面。苛求別人的結果，往往是使自己更加的失望和難受。

在日常生活中，有種情況十分常見，有些人會因為某種瑕疵，而覺得痛苦異常：有人因為個子矮而自卑，有人因為眼睛小而心煩，有人則因為肥胖而發愁……這些人往往只看到自己身上的缺陷，而沒有發現瑕疵可能是完美的一部分。追求完美有時是一種好現象，能使人朝著最好的方向發展，但是絕對完美的事物是不存在的，因此，如果還在刻意地追求完美，請放棄這種想法吧。

人生是沒有完美可言的，完美只存在於理想之中。生活中處處都有遺憾，這才是真實的人生。因為追求完美而苦惱，只會徒留遺憾和痛苦。

在印度佛教的《百喻經》中，有一則可笑而發人深省的寓言故事。

有位男性娶了一個體態婀娜、面貌娟秀的妻子，兩人十分恩愛，是人人稱羨的神仙美眷。這位妻子眉清目秀、性情溫和，美中不足的是有個酒糟鼻。在她柳眉、鳳眼、櫻桃小口的瓜子臉上，卻長了個不搭嘎的酒糟鼻，好像失職的藝術家，對於一件原本足以稱著於世間的藝術精品，少雕刻了幾刀，顯得非常突兀、怪異。

這位丈夫對於妻子的鼻子始終耿耿於懷。一日外出經商時，行經販賣奴隸的市場，寬闊的廣場上人聲沸騰，爭相吆喝出價以搶購奴隸。廣場中央站著一個身材單薄、瘦小的女孩，正以一雙汪汪的淚眼，怯生生地環顧著這群如狼似虎，決定她一生命運的男人。這位丈夫仔細端詳了她的容貌，突然間被深深地吸引住。好極了！這個女孩的臉上長著一個端端正正的鼻子。

這位丈夫以高價買下了長著端正鼻子的女孩，興高采烈的，帶著這個女孩日夜兼程趕回家，想給心愛的妻子一個驚喜。到了家中，安頓好這個女孩後，以刀子割下她漂亮的鼻子，拿著血淋淋而溫熱的鼻子，大聲疾呼：「老婆！快出來！看我給妳買回來最寶貴的禮物！」

「什麼樣貴重的禮物，要這樣大呼小叫？」他的妻子狐疑不解地應聲走出來。

「喏！妳看！我買了個端正美麗的鼻子送妳，妳戴上看看。」

丈夫說完，突然抽出懷中鋒銳的利刃，一刀朝妻子的酒糟鼻砍去。霎時，妻子血流如注，酒糟鼻掉在地上，丈夫趕忙用雙手把端正的鼻子嵌貼在傷口處。但是無論丈夫如何努力，漂亮的鼻子始終無法黏在妻子的鼻樑上。

可憐的妻子，既得不到丈夫苦心買回來的端正而美麗的鼻子，又失去原本那雖然醜陋但是貨真價實的酒糟鼻，還受到無端的刀刃創痛。那位糊塗丈夫的愚昧無知，更是叫人感到可悲！

有些事可以透過努力來改變，然而有些事無論如何努力卻都難以撼動。對於無法改變的事，不管喜歡與否，只能選擇接受它們，不要抗拒。

每個人都有自己不足的地方，不要把這些缺陷看得太重，而影響自己的情緒，使自己過度自卑。應該要學會欣賞自己的不完美，人生才會多一份快樂。

有位挑水伕他有兩個水桶，分別吊在扁擔的兩頭，其中一個水桶有裂縫，另一個則完好無缺。在每趟長途挑運後，完好無缺的水桶總是能將滿滿一桶水從溪邊送到主人家中，但是有裂縫的水桶到達主人家時，卻只剩下半桶水了。

兩年來，挑水伕就這樣每天挑一桶半的水到主人家。當然，好的水桶對

是人都有弱點，任誰都有自己的毛病。

自己能夠送整桶水感到很自豪。而破水桶呢？對於自己的缺陷感到非常羞愧，為自己只能擔負一半的責任感到很難過。

飽嘗了兩年失敗的苦楚，破水桶終於忍不住，在小溪旁對挑水伕說：「我很慚愧，必須向你道歉。」挑水伕問道，「你為什麼覺得慚愧？」破水桶回答：「過去兩年，因為水從我身上的裂縫一路地漏，以致於你挑水到主人家時我只剩半桶水，因我的缺陷使得你即使做了全部的工作，卻只收到一半的成果。」挑水伕聽完破水桶的話替破水桶感到難過，他以充滿慈愛的語氣說：「在回程的路上，你留意看看路旁盛開的花朵。」

果真，回程時挑水伕走在山坡上，破水桶眼前一亮，看到繽紛的花朵開滿路的一旁，沐浴在溫暖的陽光之下，這景象使它感到很開心。但是，走到小路的盡頭，它又開始感到難受，因為又有一半的水漏在路上。破水桶再次向挑水伕道歉，挑水伕溫和地說：「你有沒有注意到小路兩旁，只有你漏水的那一側有花，另一側卻沒有開花呢？我知道你身上的裂縫，因此我善加利用，在你那一側的路旁撒了花種子，每當我從溪邊回來，你就替我沿路澆花。兩年下來，這些美麗的花朵裝飾了主人的餐桌。如果不是你，主人桌上也沒有這麼好看的花了。」

完美主義會悄悄地、深深地滲入人們的骨血，但**世上哪有真正圓滿的事？對於自己的缺陷不要耿耿於懷，要勇敢面對不完美的自己，這才是真正的勇者**。讓自己從本身條件的不足和所處的侷限中解放出來，去做自己想做的事。

PART 5

成功，從斟酌點滴開始

人非生而完美，
需要每日德業兼修，不斷進取，
修持秉性，營造聲名，
這些都需要言語明智、行為謹慎且小心翼翼。
但凡想獲得成功的人，
都知道斟酌生活的點點滴滴，
時刻保持審慎的態度，
才能於人前人後皆遊刃有餘。

Be careful in Speaking.
開口慎言

With your rivals from prudence; with others for the sake of appearance. There is always time to add a word, never to withdraw one. Talk as if you were making your will: the fewer words the less litigation. In trivial matters exercise yourself for the more weighty matters of speech. Profound secrecy has some of the lustre of the divine. He who speaks lightly soon falls or fails.

與敵手談話，要審慎；與其他人談話，要有尊嚴。話出口容易，但收回永不可能。說話如寫遺囑，言辭愈少，爭訟愈少。小事上注意談吐，遇大事時方能應付自如。深藏不露更顯神祕感。那些嘴快的人最容易失敗。

學習做個沉的住氣的
人對自己一定有好處。

所說的話必須比沉默更有益

與敵手交談，要審慎；與其他人談話，要有尊嚴。話出口容易，但收回永不可能。說話應如寫遺囑，言辭愈少，爭訟愈少。在小事上注意談吐，遇大事時方能應付自如。那些嘴快的人最容易失敗。

語言是具有煽動力的行為。想當年，義大利宗教改革家薩佛納羅拉運用動人的言辭，使十五世紀的佛羅倫斯從荒淫奢靡轉變為嚴謹自律；羅馬教皇登高一呼，無數的士兵整軍待發，只為了將耶路撒冷從異教徒手中奪回，卻演變為血腥的「十字軍東征」。

語言的表達能力和所造成的影響大得驚人，但並不是每個人都能將語言使用得恰到好處：人與人交流時總是會遇到各式各樣的障礙。優秀的表達能力，既容易讓他人對你表示理解和贊同，也會讓你顯得高貴和謹慎。如果發現自己實在無法掌握說話的藝術，就管好你的嘴，練就古人所說的「大音希聲，大象無形」的境界。

有一家汽車製造公司，準備採購一大批車內裝潢所需的布料，有三家紡織品廠商同時在競爭這張大訂單。在做最後決定前，該公司要求三家紡織品廠商各派一名代表於特定日期前來進行最後一輪洽談。

道爾是其中一家紡織品廠商的業務代表，當時他正好罹患嚴重的咽喉炎，但這點使他因禍得福，獲得了成功。他事後回憶當時的情景：「我被帶進一間會議室，面對那家公司的多位高級主管，如絲織品工程師、採購經紀人、業務經理及總裁等。我站起來，盡最大努力想講幾句話，卻只是徒費力氣。

「眾人環繞會議桌而坐，都靜靜地注視著我。我只好在紙上寫：『各位先生，我因咽喉發炎無法發出聲音，所以沒辦法講話。真抱歉！』『我來幫你說。』該公司總裁說道。於是，他便代我展示樣品，並說明那些樣品的種種好處。然後他們開始討論，極力稱讚樣品的優點。那位總裁因為取代了我的工作，便代替我參與討論。那時我自己唯一能做的，只是微笑、點頭或做幾個手勢而已。

「這個極其特別的會議帶來的結果是：我得到那份價值一百六十萬美元的合約——那是我有生以來爭取到的最大訂單。」

道爾帶著慶幸的口氣總結說：「我知道，如果不是我不能開口說話，我一定得不到那份訂單，因為我對整件事情的預測完全錯誤。經過這次經驗，我發現多讓別人開口說話，實在是有極大的好處。」

當人們發現自己不善言辭時，千萬不要因為激動而口不擇言，不經大腦思考說出來的話，不是廢話，就是將陷你於不義的危言。古人常說「病從口入，禍從口出」。嘴常常是禍患的根源，一時的不慎很可能招來災難。

對於擅長言辭的人而言，也應當時時「三思而言」。每個人都會隨興所至地產生種種看法，並列舉諸種理由來闡釋自己判斷的正確性，但這些判斷通常會受自己的情感驅使，常常帶著的主觀色彩。當我們說話時，必須仔細思考自己所抱持的觀點是否正確，再進行有效且有說服力的發言。

你有權保持沉默，這對你來說有好處，但也不能總是沉默，因為那會使你變得默默無聞。當你開口的時候，必須讓自己的言談聽起來比沉默更有益。

真正的說話藝術不在於如何能言善道，而是懂得何時要三緘其口。

Take care to get Information.
謹慎獲取資訊

We live by information, not by sight. We exist by faith in others. The ear is the sidedoor of truth but the frontdoor of lies. The truth is generally seen, rarely heard; seldom she comes in elemental purity, especially from afar; there is always some admixture of the moods of those through whom she has passed. The passions tinge her with their colours wherever they touch her, sometimes favourably, sometimes the reverse. She always brings out the disposition, therefore receive her with caution from him that praises, with more caution from him that blames. Pay attention to the intention of the speaker; you should know beforehand on what footing he comes. Let reflection assay falsity and exaggeration.

我們在生活中親眼所見的事畢竟是少數，要知曉諸事，常得仰賴他人提供資訊。然而往往耳聞的多為謊言，並非真相。真相較常眼見而得，很少仰仗耳聞。耳目所接觸的真相，很少是絕對貨真價實的，尤其是來自遠方來的消息，其中往往融入了傳播者的情緒。這些情緒改變了真相的色彩，使之可喜或可惡。因此，當消息來自那些高聲頌揚之人時，我們要多多留心。當它來自責備者時，我們更要注意。仔細斟酌剖析說者立場，用深思熟慮來防範虛偽誇大、帶有色彩的「真相」。

就算看透，也要對自己溫柔。

看得透，做得到

人生在世，大半用於增益見聞。但能親自看到的事很少，大部分都得仰賴他人才能得知。我們的雙耳是把握真相的後門，也是虛假的前門。一個看得透、斷得準的人，能夠駕馭事物而不被事物所駕馭。他能洞察事物的深處，了解並把握事物的本質。他觀察嚴謹，思考細緻，推理明晰，天下沒有什麼是他不能發現、留心、把握和理解的。

人們常說「耳聽為虛，眼見為實」。事實上，真相也時常混雜在一堆假象裡，即便是親眼所見，看到的事情也不一定完全屬實。有時眼睛也會欺騙我們的心靈，事情的表象常剛好與真相背道而馳。如果因為單看事物的表面而輕易下結論，那麼將很難接近真相，甚至最終被真理所遺棄。

兩個天使在旅行中，來到一個富有的家庭借宿。這家人對他們並不好，拒絕讓他們住在舒適的客房裡，而是在冰冷的地下室找了一個角落讓他們過夜。當他們鋪床時，年長的天使發現牆上有一個洞，就順手把它修補了。年輕的天使覺得疑惑，便向年長天使提出疑問，老天使回答：「有些事情的真相並不是它表面看起來的那樣。」

第二晚，兩個天使來到一個非常貧窮的農家借宿。這對農家夫妻對天使們非常熱情，把僅有的一點點食物拿出來款待他們，又讓出自己睡得床。第二天一早，天使發現農家夫妻在哭泣，因為他們唯一的生計來源——乳牛死了。年輕的天使非常憤怒，他質問年長天使這到底是為什麼——富有的家庭衣食無缺，老天使仍幫助他們修補牆壁上的破洞，然而貧窮的農家儘管家境如此貧窮，卻還是熱情款待客人，而年長天使卻沒有阻止乳牛的死亡。

「有些事情的真相並不是它表面看起來的樣子。」老天使這樣回答，「當我們在地下室過夜時，我從牆上的破洞中看到牆裡堆滿了前人所藏的金塊。因為主人被貪欲所迷惑，不願分享他的財富，所以我把牆上的洞給填上了。而昨晚，死神來召喚的是農夫的妻子，情非得已，我才讓乳牛代替了她。有些事並不像表面看上去的那樣。」

年輕的天使就像涉世未深年輕人，他看不到隱藏在紛紛擾擾的假象背後的真相。有時，儘管是親眼所見，看到的並不一定都是真相。在見到事物的表象時，必需要有精準的判斷能力。若是不知該如何判斷，就應在對事情的表象進行質疑時，排除心態和外界事物的干擾，讓自己平靜下來仔細思考，相信一定能找到真相。

一九二一年，印度科學家拉曼在英國皇家學會上發表了聲學與光學的研究報告，回程從地中海乘船回國。在甲板上漫步的人群中，一對印度母子的對話引起了拉曼的注意。

「媽媽，這片海的名字是什麼？」

「地中海！」

「為什麼叫地中海？」

「因為它夾在歐亞大陸和非洲大陸之間。」

「那它為什麼是藍色的？」

年輕的母親一時語塞，求助的目光正好對上了在一旁饒富興味傾聽他們談話的拉曼身上。拉曼告訴男孩：「海水之所以是藍色的，是因為它反射了天空的顏色。」

在此之前，幾乎所有的人都認可這個解釋。它出自英國物理學家瑞利男爵，這位以發現惰性氣體而聞名於世的科學家，曾用太陽光被大氣分子散射的理論解釋過天空的顏色，並由此推斷，海水的藍色是反射了天空的顏色所致。

在實現理想的路途中，必須排除一切干擾，特別是要看清那些表面裝飾美麗的誘惑。

但不知為什麼，告別了那對母子後，拉曼總是對自己的解釋心存疑惑，那個充滿好奇心的男孩，那雙求知的大眼睛，那些源源不斷湧現的「為什麼」，使拉曼深感愧疚。身為一名訓練有素的科學家，他發現自己在不知不覺中喪失了男孩那種到所有的「已知」中追求「未知」的好奇心，他的心不禁為之一震。

拉曼返回加爾各答後，立即著手研究海水為什麼是藍的，他發現瑞利的解釋實證不足，令人難以信服，決心重新進行研究。

他從光線散射與水分子相互作用切入，運用愛因斯坦等人的漲落理論，獲得了光線穿過淨水、冰塊及其他材料時散射現象的完整資料，證明水分子對光線的散射使海水顯出藍色的原理，與大氣分子散射太陽光而使天空呈現藍色的原理完全相同，進而又在固體、液體和氣體中，分別發現一種普遍存在的光散射效應，被人們統稱為「拉曼效應」，為二十世紀初科學界最終接受光的粒子性學說，提供了有力的證據。

一九三〇年，地中海郵輪上那個男孩的疑問，讓拉曼登上諾貝爾物理學獎的頒獎臺，使他成為第一個獲得此項殊榮的印度科學家。

事物的本身並不會影響人，是人們內心的看法和情感上的認知左右了人們的判斷。想要知道事情的真相，不經調查，勿下結論，不經思考，不做判斷。

「任何一個可信的道理，都是真理的一種形象」，真理是在漫長的發展過程中被人類掌握的。在這個過程中，感覺器官只是用來搜集資訊，人們思想的進步才是一種本質的跨越。不僅要有精準的眼光，更重要的是要有準確的判斷力。

5
4

Never be put out.
別失控

It is a great aim of prudence never to be embarrassed. It is the sign of a real man. of a noble heart, for magnanimity is not easily put off ballance. The passions are the humors of the soul, and every excess in them weakens prudence. If they overflow through the mouth, the reputation will be in danger. Let us therefore be so much and so great a master over ourselves that neither in the most fortunate nor in the most adverse circumstances can anything cause our reputation injury by disturbing our self-possession, but rather enhance it by showing his superiority.

不讓自己失控是審慎之人的一大目標。這也是擁有崇高心靈的人之標誌，只有胸懷寬闊的人不會輕易受情緒制約。激情是靈魂開的玩笑，稍稍過量便會削弱我們的謹慎。若你任其流露，將有損名聲。因此，我們要主宰自己，要做到不管處於大順之時還是處於大逆之際，都不會有人批評你，說你情緒不穩定。相反的，會因為這些表現而提升名聲，欽佩你的卓越不凡。

人生最曼妙的風景，就是內心的淡定與從容。

從容瀟灑，別具風情

謹慎的人總是試圖永遠保持自制力。這種能力顯示出真正的人格與心力，因為有寬大胸襟的人不會輕易受情緒制約。如果你能徹底地掌握自己，做到不管處於順境或逆境都不會情緒失控，別人將會因此欽佩對你的胸襟。不僅如此，萬事從容瀟灑，可使才智之士精神抖擻、妙語如珠，使大智高才別具風騷。

俗話說：「天有不測風雲，人有旦夕禍福。」生活中的變數何其多，不經意的偶發事件都可能改變人生的軌跡。之所以總能立於不敗之地，談笑自如、妙語如珠的人，要歸功於他們能時刻保持從容瀟灑、鎮靜白若。遇事便手忙腳亂的人，是不可能順利突破種種困境的，而冷靜、審慎、從容，是突破重圍的最好辦法。

在英國，有位名叫戴安娜的不幸女子，她接連嫁了兩任丈夫，卻都因病去世。雖然她繼承了許多遺產，但一個人生活總覺得十分寂寞。

這時，一個叫查理斯的男人向她求婚，戴安娜覺得他人不錯，便答應了他的求婚，婚後查理斯搬到她的豪宅裡。某天下午，戴安娜幫丈夫整裡房間時，意外地發現丈夫抽屜裡收藏著一大疊剪報。簡報上報導了一個名叫馬可的罪犯，專門尋找有錢的女性，和她們結婚，然後設法殺死她們，將財產占為己有。該兇犯如今越獄在逃。戴安娜看了剪報上對罪犯的描述，頓時頭暈目眩。原來這名謀財害命的罪犯竟是她的新婚丈夫查理斯！

這時，查理斯手拿鐵鍬走進院子。戴安娜心想：難不成今晚他就要對我

與其浪費時間生氣，想著如何回擊傷害你的人，不如跟自己喜歡的人相處、吃喜歡的東西或做有興趣的事。

下手？戴安娜想逃，但又怕丈夫起疑心，所以她趁丈夫去屋後時，打電話向她的好朋友傑克示警。掛了電話，戴安娜裝作若無其事，煮了杯咖啡，沒加糖，遞給剛上樓的丈夫。

查理斯喝了幾口咖啡問道：「咖啡為什麼不加糖？這麼苦，我不喝了。走吧，我們去整理一下地窖。」

這時戴安娜知道查理斯有意殺害她。明知自己逃不掉，只能應變；靈機一動，便對丈夫說：「親愛的等一下，我要向你懺悔！」她想編故事拖延時間等傑克前來。

查理斯好奇地問：「妳要懺悔什麼？」

戴安娜表情沉痛地說：「我向你隱瞞了兩件事。我第一次結婚後，勸我那個有錢的丈夫買了壽險，當時我在醫院擔任護士，假裝對丈夫很好，讓左鄰右舍都知道我是個好妻子；每天晚上，我都親自為他煮咖啡。有一天晚上，我悄悄地在咖啡中下毒，他毫不起疑的喝下後便倒地，再也爬不起來了。於是我說他是抱病而死，得到了他五千英鎊的保險金和全部的遺產。

「第二次，我又在我親手煮的咖啡中下毒，得手八千英鎊的保險金。現在，你是第三個……」戴安娜說著，指了指桌上的咖啡杯。

查理斯聽到這裡，嚇得臉色慘白，用手拚命地挖自己的喉嚨，一邊歇斯底里地尖叫道：「怪不得咖啡那麼苦！原來……」他一邊吼叫，邊向戴安娜撲了過去。戴安娜一邊向後退，一邊鎮定地說：「是的，我在咖啡裡下了毒，現在毒性已經發作！雖然你喝的不多，還不至於馬上死去……」

查理斯心頭一驚，雙腿一軟，跌坐在地，彷彿受不了這樣沉重的打擊，很快的，戴安娜的好友傑克帶著警員趕到了。

戴安娜端給丈夫喝的咖啡裡，當然沒有下毒，但為了保住性命，她靈機一動想出這個主意，順利使自己脫困。

出色的應變能力，可以使人順利地脫離險境，當突發事件出現在人們的眼前時，退縮會使自己陷入更危險的境地，這時應該冷靜地思考對策，主動迎擊困難和危險，即便問題無法迎刃而解，也可為自己留條後路。俗話說「求人不如求己」，相信自己的智慧，運用自己的機智，冷靜地分析四周的形勢，則可對一切事物應對自如。

自古大凡有名之人，多以睿智的人格魅力和聰敏的行為，成為人們心目中的偶像。處於大順之時不驕，處於大逆之際不餒，萬事從容瀟灑，成就了他們的卓越非凡。

Be Resolute.
要果斷，別猶豫不決

Bad execution of your designs does less harm than irresolution in forming them. There are some men so infirm of purpose that they always require direction from others, and this not on account of any perplexity, for they judge clearly, but from sheer incapacity for action. It needs some skill to find out difficulties, but more to find a way out of them. There are others who are never in straits, their clear judgment and determined character fit them for the highest callings: their intelligence tells them where to insert the thin end of the wedge, their resolution how to drive it home. They soon get through anything: as soon as they have done with one sphere of action, they are ready for another. Affianced to Fortune, they make themselves sure of success.

相比計畫執行得不好，擬定計畫時的猶豫不決更有害。有人總是猶豫不決，並不是因為他們缺乏決斷力，相反地，他們頭腦非常聰明，只是做事拖拉而已。找出問題所在需要技巧，而找到解決之道則更需技巧。還有一些人絕不會陷入困境，因為他們有著清晰的判斷能力和堅定的個性。這種人是生而有大成就者。智慧告訴他們從何著手，毅力告訴他們怎樣成功。他們能很快就能辦好任何事情，而且尚有餘暇顧及其他。如果有好的時運，他們定會成功。

人真的有無限可能，
只要你下定決心。

猶豫不決比執法出錯更可怕

猶豫不決帶來的傷害比決策錯誤還可怕，經年不用的器物比持續使用的更容易壞。總是猶豫不決的人，並不是因為他們缺乏決斷力；相反地，他們是十分明察之人，能看清問題所在。然而，避難有方的是智者，總是退縮的是愚人。聰明的人，絕不會被任何事物所阻礙，他們具有高超的判斷力和堅強的決心，思想縝密，行動果決，言出必行之際仍存有餘裕。

把握時機，大膽實行，美好的人生近在咫尺。如果謹慎看待事物，面對機會卻始終停滯不前，就依然無法成為智者，只能淪為平庸。

美國商人海默是個既有判斷力，又能果斷行事的人。十月革命後，蘇聯的糧食極為短缺，而西方列強對其虎視眈眈，採取封鎖政策。這時海默反其道而行，到蘇聯尋找賺錢的機會。

海默之所以選擇去蘇聯經商，是因為列寧為了振興經濟，正大力推行嶄新的經濟政策，同意讓外國資本家在社會主義的蘇聯承租廠礦來經營，以發展經濟。但當時的西方國家視蘇聯為洪水猛獸，沒有人敢來投資。海默這時想的卻是：既然沒有人敢來投資，那麼我來經商，豈不是獨門生意，哪有不賺錢的道理呢？於是海默果斷地進口了一百萬蒲式耳（一蒲式耳=三十六至三十七公升）的小麥，在蘇聯銷售。

海默運來的糧食無疑是雪中送炭，頓時讓他名震蘇聯，列寧還親自接見了海默。列寧向海默對蘇聯的幫助表示感謝，並希望海默能長期與蘇聯合作，並一路為海默提供協助。

一個有眼光的人，懂得哪裡是危機，哪裡是轉機，而且會在轉機出現時果斷地行動。真正審慎的人不是步步退縮，而是步步為營，以其高超的判斷力和堅強的決心做為成事的條件，在他們行動的背後，早已有備無患。

日本戰國時代，織田信長在桶狹間之役擊殺今川義元並和叛出今川家的德川家康締結清州同盟後，順利解除南邊的威脅，隨後平定尾張，征伐齋藤氏，佔領美濃；由於當時美濃四周還有許多更強的勢力，割地稱雄，相互爭勝，所以他把部隊安置在各個要塞，並令兒子信忠以「一劍平天下」的豪語做成旗幟，插在首都的城牆上。那段時間裡，織田信長以快刀斬亂麻的方式治理天下，使百姓很快獲得安寧。

織田信長的處世方式與魄力的確令人欽佩。信長為了圍剿一批亂賊，甚至計畫放火焚燒比叡山，由於比叡山是日本桓武天皇指定為傳播佛教義理的聖地，山中有許多寺庵靈地，因此他的家臣如明智光秀等人都群起反對。但織田信長說：「我是奉了桓武天皇的敕令（同時得到傳教大師的允許），為了平定天下而奮戰；假使放火燒山有什麼不對，等我死了，自然會去閻王面前爭論的。」由於織田信長如此氣魄的表現，家臣們也只好聽命焚山，最後果然平定了亂黨。

「火燒比叡山」只是織田信長戰役眾多激烈手段中的其中一項，後人對他的強硬作風有諸多批評，甚至有些政治家、思想家不斷攻擊他。信長的作風可能有激進之處，但他凡事必求成功，不打折扣，果敢面對任何困難和挑戰的魄力，的確為日本往後三百年的太平盛世，奠定了穩固的基礎。

命運很喜歡惡作劇，但人的智力、謹慎、勇氣和學識都是都不會跟你開玩笑。當你具備這些優勢時，等待你的必然是考驗。如果此時此刻仍然閃躲逃避不肯面對，就連失敗的滋味都嘗不到，更談不上成功。

勇氣在行動時成長，恐懼在猶豫時增生。

A Grain of Boldness in Everything.
勇於面對一切

No one oversteps the narrow bounds of humanity: all have their weaknesses either in heart or head. Dignity gives apparent authority, which is rarely accompanied by personal power, for Fortune often redresses the height of office by the inferiority of the holder. The imagination always jumps too soon, and paints things in brighter colours than the real: it thinks things not as they are but as it wishes them to be. Attentive experience disillusionized in the past soon corrects all that. Yet if wisdom should not be timorous, neither should folly be rash. And if self-reliance helps the ignorant, how much more the brave and wise?

沒有誰能超越人性的局限。每個人的才智與性格都有需要完善之處。地位賦予人表面上的權威，但很少與人真正的才德相符，命運往往使其才德不稱其職位以示懲罰。人的想像力往往衝在前頭，誇大事物——想像力不是根據事物的本質來考慮問題的，是根據人的期望。歷練的警覺可立即矯正這一點。愚人不應魯莽大膽，君子不宜懦弱膽怯。若說自信能為無知者助威，那對有勇有謀之人則不啻於如虎添翼！

如果不甘於此，那就開始改變自己吧！

愚者徒哀嘆，智者圖改變

愚蠢的人不應魯莽大膽，而君子也不宜懦弱膽怯。若說自信能為愚魯單純之人增威，那麼它對有勇有謀之人來說，更等於是如虎添翼。

「酒好也怕巷子深」，適當地展現自己的才華和優勢，是用來自我推銷的方式，也是人生成功的開端。

無謀者千萬不要衝動行事，因為常會因此將自己的缺陷暴露出來；而有勇有謀者，應懂得如何凸顯自己的才華，而又不過分炫耀，讓自己的能力成為事業發展的虎翼，讓自己直入成就的雲霄。

古人常說：「愚者哀歎，智者改變。」很多人之所以自詡懷才不遇，這並不是別人造成的，而是沒有給自己出頭的機會。千里馬要遇上伯樂的確很困難，但是並不等於全無機會，或許我們在人生中早已經遇到數次伯樂，沒有成功的原因，一來是當時可能並不了解自己，所以對能發掘自己優點的伯樂視而不見；二來或許有時自視甚高，以致遭人排擠，錯過與伯樂相交的機會；三來，或許有人根本不是千里馬，卻總自以為是，自我感覺良好。

如果不幸屬於第三種人，要挽救的方法只有靠自己清醒。如果是前兩種人，所欠缺的是自我推銷的勇氣。人生有許多機會是要靠自己的力量去爭取，如果有能力，就應該自告奮勇地去爭取那些許多人無法勝任的工作，毛遂自薦不但有助於凸顯自己的存在，成功的機率也會大大增加。

有一家大型公司招聘人才，應徵者雲集。經過三輪面試的淘汰，還剩十一位應徵者，而公司最終將留用六人。因此第四輪面試時，總裁決定親自出馬。可是，這時面試現場出現了十二個人。

總裁問：「誰不是被通知來面試的？」

坐在最後一排的一個男性立刻站起來：「先生，我第一輪就被淘汰了，但我仍想參加這場面試。」

在場的人都笑了，包括站在門口觀看的老先生。總裁饒富興趣地問他：「你連第一關都過不了，來這裡又有什麼意義呢？」

這位男性說：「我掌握了很多財富，我自己就是財富。」在場的人再次為他說的話大笑，覺得這個人不是太狂妄，就是頭腦有問題。他接著說：「我只有本科學歷，曾擔任的中階的職務，但我有十一年的工作經驗，曾在十八家公司任職過……」

總裁打斷他的話：「你學歷、職務都不算高，工作十一年的經驗倒是很不錯，但先後跳槽十八家公司，太令人吃驚了。我不欣賞。」

他回答：「先生，我沒有跳槽，而是那十八家公司先後倒閉了。」在場的人第三次笑了。

一個考生說：「你真倒楣！」

他也笑了：「相反地，我認為這是我的財富！我不倒楣，我只有三十一歲。」

這時，站在門口的老先生走進來，為總裁倒茶。男子繼續說：「我很了解那十八家公司，我曾與同事們努力挽救公司，雖然失敗了，但我從那些公司的錯誤與失敗中學到了許多東西，很多人只追求成功的經驗，而我有更多避免錯誤與失敗的經驗！」

男子離開座位，一邊轉身一邊說：「我深知，成功的經驗大多相似，而失敗的原因則各不相同。與其用十一年的時間學習成功的經驗，不如用同樣的時間去研究錯誤與失敗；別人成功的經歷很難成為自己的財富，但別人的失敗過程卻是！」

當他就要走出去時，忽然回過頭說：「我在這十一年中所待的十八家公司，培養並鍛鍊了我對人、對事、對未來的洞察力。舉個例子來說，真正的主

用笑容放膽冒險！如果不去嘗試，你永遠不知道自己擅長什麼或喜歡什麼。

考官不是您，而是這位為您倒茶的老先生。」

全場十一個考生譁然，驚愕地盯著倒茶的老先生。那位老先生笑了：

「很好！你第一個被錄取了。」

這位男性的面試過程一波三折，本來已經沒有錄取機會，但透通過毛遂自薦的方式得到工作。倘若一開始他面試被刷下來後便轉身離去，那麼將永遠得不到這份工作。

毛遂自薦雖然不是人人都喜聞樂見，但如果有真正的實力，想讓別人接納並重用自己，就必須拿出自信，竭力推銷自己。自薦是一種才華，就像是繪畫的能力，你是芸芸眾生之一，但你擁有別人所缺乏的信心和勇氣，此時此刻，這份才華就已經使你的心立於不敗之地。接下來所要做的事情，就是讓自己的能力也立於不敗之地。

Do not give way to every common Impulse.
不要衝動行事

He is a great man who never allows himself to be influenced by the impressions of others. Self-reflection is the school of wisdom. To know one's disposition and to allow for it, even going to the other extreme so as to find a balance between nature and art. Self-knowledge is the beginning of self-improvement. There are some whose humors are so monstrous that they are always under the influence of one or other of them, and put them in place of their real inclinations. They are torn asunder by such disharmony and get involved in contradictory obligations. Such excesses not only destroy firmness of will; all power of judgment gets lost, desire and knowledge pulling in opposite directions.

從不受他人影響左右的人是了不起的。自省是智慧的導師。了解自己，並抑制衝動，甚至刻意反其道而行，平衡修養與天性。提升自我始於認識自我。有的人性情怪異、變幻莫測，那是放任情緒擺佈，代替了自己真正的意願。由於受這種惡性失衡擺布，他們做起事來總是自相矛盾。慾望與理性往相反方向拉扯，不僅使他們變得意志不堅，也會使他們喪失判斷力。

人生最大的悲哀，就是把衝動變成習慣。

連根拔除內心的衝動之苗

做大事的人不會因為稍有想法，就立刻為之動心。他們總是自我檢討，這始於「自知之明」。然而有人天生猖狂，總是順著個性作事，一點風吹草動都會影響其情緒變化。由於受到情緒擺佈，他們做起事來總是自相矛盾，被欲望左右。所以，我們應該不論何時都盡可能讓思考與反省勝過自己的激情。首先控制自己的情緒，然後懂得制怒之法。

自制力說來容易，做來極難。想把人心中的衝動之苗連根拔除，首先應有自知之明，知道自己的浮躁之處，了解自己容易衝動的事實。如果連這點自知之明都沒有，必然會被情緒的波動所影響，做出不經大腦的蠢事。美國著名的巴頓將軍，就犯過這樣致命的錯誤。

巴頓將軍某日來到前線醫院探望傷患。他走到一位傷患面前時，這位傷患正在啜泣。

巴頓將軍問：「你為什麼哭？」傷患邊啜泣邊回答：「我的精神狀況不好。」

巴頓又問：「你說什麼？」傷患回答：「我的精神狀況不好，我害怕聽到炮聲。」

巴頓將軍大發雷霆：「對你的精神問題我無能為力，但你是個膽小鬼，你是混蛋！」語畢，巴頓仍然難以消氣，他打了這位病患一個耳光，喊道：「我不允許一個王八蛋在這些勇敢的戰士面前啜泣。」接著大聲地對醫務人員說：「你們以後不准再收容這種膽小鬼，他一點事也沒有，我不允許這種沒有半點男子氣概的王八蛋占著醫院的床位。」

巴頓將軍轉頭又對傷患吼道：「你必須到前線去，你有可能戰死沙場，但你必須上前線！如果你不去，我就命令列刑隊把你殺了。說實話，我真想親手殺了你。」

這件事很快地被披露，在美國國內引起了強烈的反彈。很多母親要求格除巴頓的職務，還有個人權團體要求對巴頓進行軍法審判。儘管後來馬歇爾將軍從大局考量，巧妙地化解了這件事，但巴頓還是因為打罵士兵的行為而聲名狼藉。這種輕率、浮躁的作風及政治上的偏見，也為他日後被撤職埋下了禍根。

如果巴頓能和顏悅色地同理那個士兵，而不是暴跳如雷地責罵，相信他偉大的一生裡將會少了這個汙點。輕易動怒，是損傷名聲且有害身體的行為，明智者很少隨意宣洩憤怒的情緒。因為一些小事而與人相爭，是愚蠢且不利的舉動，不僅會危害自己，而且會影響到周圍的人。

沒有一種勝利比戰勝自己和克服自己的衝動情緒更偉大，因為這是一種意志的勝利。它是避免麻煩的明智之舉，也是獲得他人尊重的途徑。易怒不會帶來任何好處，而忍耐和克制，往往助人成事。

一〇七六年，神聖羅馬帝國的亨利四世與教宗額我略七世（St. Gregory VII）為了主教的續任權發生爭執，鬥爭日益激烈，發展到勢不兩立的地步。亨利四世想擺脫羅馬教廷的控制，教宗則想把亨利四世所有的自主權都剝奪。

亨利四世首先發難，召集神聖羅馬帝國境內各教區的主教們，召開一場宗教會議，宣布廢除額我略七世的教宗職位。額我略七世也反過來，在羅馬拉特朗宮召開全基督教會的會議，宣布開除亨利四世的教籍，不僅要神聖羅馬帝國的民眾反對亨利四世，也在其他國家掀起了反對亨利四世的浪潮。

一時之間，神聖羅馬帝國內外反亨利四世的聲勢浩大，特別是神聖羅馬帝國境內的大大小小封建主都興兵造反，向亨利四世的王位發起挑戰。

亨利四世面對眼下危及的局面，被迫妥協，一〇七七年一月身穿破衣，

收斂自己的脾氣，偶爾要刻意沉默，因為衝動是魔鬼，會讓自己做下無法挽回的事情。

騎著毛驢，冒著嚴寒，翻山越嶺，千里迢迢前往羅馬，向教宗懺悔請罪。額我略七世故意不予理睬，在亨利四世到達前，躲到遠離羅馬的卡諾莎行宮。亨利四世沒有辦法，只好前往卡諾莎拜見教宗。

教宗緊閉城堡的大門，不讓亨利四世進來。為了保住皇帝寶座，亨利四世忍辱跪在城堡門前求饒。當時大雪紛飛，天寒地凍，身為帝王之尊的亨利四世屈膝脫帽，在雪地上跪了三天三夜，教宗才開門相迎，饒恕了他。

亨利四世恢復教籍、保住帝位並返國後，集中精力整治內政，將曾一度危及他王位的內部反抗勢力逐一消滅。在勢力穩固之後，亨利四世立刻發兵進攻羅馬，以報跪求之辱。面對亨利四世強大的軍隊，額我略七世棄城逃跑，客死他鄉。

中國有句俗話說「大丈夫能屈能伸」，說的便是忍辱負重。假如亨利四世放棄信念而慘遭失敗，就不可能擁有以後的至尊和榮耀。

聰明的人時常為情所動，但亦懂得如何克制自己情緒的過激行為。憤怒會使人喪失理智，令事情變得更糟。克制自己的熱血沸騰，轉移憤怒爆發的方向，冷靜下來仔細思考，經常總結經驗教訓，這便是制怒之法。

Know how to Withdraw.
學會適當拒絕

If it is a great lesson in life to know how to deny, it is a still greater to know how to deny oneself as regards both affairs and persons. There are extraneous occupations which eat away precious time. To be occupied in what does not concern you is worse than doing nothing. It is not enough for a careful man not to interfere with others, he must see that they do not interfere with him. One is not obliged to belong so much to all as not to belong at all to oneself. So with friends, their help should not be abused or more demanded from them than they themselves will grant. All excess is a failing, but above all in personal intercourse.

懂得說「不」是人生的重要課題。其中，更重要的是懂得拒絕涉入某些人事，搭理那些與己無關的事只是浪費時間，與其多管閒事不如什麼都不做。一個謹言慎行的人，不僅要做到不干涉他人的閒事，還要確保不被他人干涉。如果你過於依賴他人，你就會失去自我。對朋友也是這樣，你不能濫用朋友提供的幫助，也不能要求提供過分的幫助。過猶不及，與人交往時尤其如此。

面對一個不懂得拒絕的人，你所有的幫助都是廉價的。

不為雞毛蒜皮的事忙碌

人生要懂得如何拒絕，其中最重要的是拒絕自己內心可怕的欲望驅使，拒絕為他人做事。有些事情並不重要，去做那些無關緊要的事，只是徒耗自己的寶貴時間。比無所事事更糟的便是終日為了一些雞毛蒜皮無關緊要的事情忙得團團轉。能免於將時間耗費在徒勞瑣事，而將精力專注在人生重要的事物上，將使你受益無窮。

在意他人的想法和感受，本來是善解人意的表現，但是很多人太過在意別人對自己的看法，總希望行事使所有人滿意，這是不可能的。苛求自己讓所有人都滿意，只會讓自己越活越累，與快樂漸行漸遠。

人們經常在生活中面對他人的請求，如果心中並不樂意接受這些請求，又不好意思拒絕，就會使自己陷入為難；或違心地答應，心裡卻又覺得彆扭；假裝答應卻不做，又失信於人。上述這些，都不是好做法。

一般來說，如果力有所及，幫助他人成其好事是一種美德，但幫助別人不能沒有原則，面對不合理和不可能做到的事，就必須學會拒絕，這才是正大光明的做法，對自己或對他人都不失禮。不過，拒絕一定要有方法，如果不能直言不諱，就要懂得以退為進，以免得罪人。

威廉二世設計了一艘軍艦，他在設計書上寫著：「這是我累積多年的研究，經過長期思考和精心設計的結果。」之後，他請國際著名的造船家對此設計進行鑑定。

過了幾周，造船家將威廉二世的設計稿送回，並寫下了下述意見：

「陛下，您設計的這艘軍艦是一艘威力無比、堅固異常且十分美麗的軍艦，稱得上空前絕後。它的航行速度是前所未有的，配備的武器將是世界上最強的，它的桅杆會是世上的船艦中最高的，它的大炮射程也將是舉世無雙。您設計的艦內設備，能使艦長到見習水手，都感到舒適無比。您設計的這艘華麗的戰艦，只有一個缺點：只要它一下水，就會沉入海底，如同一隻鉛鑄的鴨子。」

拒絕是一種應變的藝術，能化險為夷，為自己留下協調的空間。找藉口拒絕對方，把話說得委婉些，對方就會心服口服；如果生硬地直接拒絕，對方則會心生不滿，甚至仇視你。把話說得委婉、模糊些，能使對方聽出你拒絕的弦外之音，做到既不傷人，又達到了拒絕的目的，這才是聰明人的做法。

語言是一種藝術，拒絕則是最難掌握的一門語言藝術。生活中不可能沒有拒絕別人的時候，如果因為以過於直接的言語來拒絕人，而跟他人產生隔閡，甚至招來對方的仇視和敵意，將使自己陷入孤立遭受他人圍剿。每個人的意志都不同，無論再怎麼努力，都不可能讓所有人都滿意，所以，委婉的拒絕方式，是保護自己且不傷害他人的最好方法。

美國總統富蘭克林・羅斯福在擔任總統前，曾在海軍部擔任要職。有一次，他的一位好友向他打聽海軍在加勒比海的小島上建立潛艇基地的計畫。羅斯福神祕地看了看四周，壓低聲音問道：「你能保密嗎？」

「當然能。」

「那麼，」羅斯福微笑地看著他，「我也能。」他的朋友明白羅斯福的意思，就不再向他打聽消息了。

直接拒絕他人是最傷感情的，因為被人拒絕是很多人心裡難以逾越的痛，說話時一不小心，可能使多年培養的感情付諸東流。所以，回絕別人時可別不留情面，絕對不要在拒絕時把話說死，這樣一來，別人們就不再指望你的幫忙。「可」與「否」看似簡單，但要說得妥當，確實需要費一番苦心。

蠟燭多頭燒，別什麼都涉入，專心把一件事情做好就很足夠了。

Put up with raillery, but do not practise it.
允許別人開自己的玩笑，但是不要開別人的玩笑

Put up with raillery, but do not practise it. The first is a form of courtesy, the second may lead to embarrassment. To snarl at play has something of the beast and seems to have more. Audacious raillery is delightful, to stand it proves power. To show oneself annoyed causes the other to be annoyed. Best leave it alone; the surest way not to put on the fool's cap that might fit. The most serious matters have arisen out of jests. Nothing requires more tact and attention. Before you begin to joke know how far the subject of your joke is able to bear it.

允許別人開自己的玩笑是一種雅量，開別人的玩笑則可能讓你陷入困境。因為玩笑而暴怒的人就像野獸，甚至比野獸更野蠻。絕妙的玩笑令人心情開朗，而知道怎麼接受玩笑則是才能的標記。如果你表現出生氣，只會自討沒趣。最好的做法是適可而止。開玩笑往往容易節外生枝，沒有甚麼比開玩笑更需要機智和警覺的了。所以，開玩笑之前，應弄清楚他人能承受的程度。

不好聽的話少講兩句，真的不會怎麼樣！

玩笑是顆炸彈，投擲需要技巧

絕妙的玩笑令人心情開朗，但有時候開玩笑應適可而止，因為在開玩笑的過程中，往往會產生嚴肅的問題。沒有比開玩笑需要更多的警覺和技巧了，在開他人玩笑前，要弄清楚其他人對於玩笑的承受度。

美國前總統雷根有一次在國會開會前，為了測試麥克風是否可以正常使用，張口便自以為幽默道：「先生們請注意，五分鐘後，我將宣布對蘇聯進行轟炸。」一語既出，眾人譁然。雷根在錯誤的場合和時間裡，開了一個極為荒唐的玩笑。為此，蘇聯政府提出強烈抗議。

就連偉人也有因為愚蠢的玩笑而自毀名譽時，更何況是芸芸眾生。雖然開玩笑可以使氣氛活躍，帶來笑聲，但開玩笑時也很可能會傷害他人，尺度很難掌握，適可而止最好，以免弄巧成拙。

每個人的脾氣、性格、嗜好不同，所以開玩笑要因人而異。長輩與晚輩開玩笑，要保持莊重；晚輩與長輩開玩笑，要以尊重為前提；男人之間的玩笑，通常尺度較寬；但在細心的女性面前，玩笑常常會變質。一般情況下，與自己比較親近、熟悉的人在一起，開玩笑的尺度即使大一點，也不會影響彼此友好的關係。但若與自己較陌生的朋友一起，就不宜亂開玩笑，因為你對陌生人的個性、經歷、情趣和隱私不了解，很有可能在開玩笑的過程中冒犯了他人，招致他人的反感。

面對性格外向的人，玩笑的尺度開的大了些，還可能會得到他的寬容和諒解。遇到性格內向的人，開玩笑時就應慎重，以免被曲解成別有深意。對方儘管平時性格開朗，若剛好碰到傷心事，就不能隨便跟他開玩笑。相反的，對方性格內向，正好喜事臨門，此時與他開個適當的玩笑，效果討喜，可能出人意料。

不協調的東西放在一起，總是會惹人生厭。玩笑也是如此，它出現在適當的時間，會讓它變得十分完美，若出現在錯誤的時間，就是令人噁心；對開朗的人開玩笑，生活就多了一份調劑品；對蠢惡之輩開玩笑，等於為自己埋了顆炸彈。玩笑絕對不可亂開，要看時機、看事情及玩笑對象的情緒如何。

通常在莊嚴、肅穆的場合和工作時間不能開玩笑，在公共場合和大庭廣眾之下，也盡量不要開玩笑。在非常時期，不能拿非常之事開玩笑，在公共傳媒上開玩笑，更要慎之又慎。

據英國媒體報導，瑞典廣播電臺一個名為《你好，法庭》的節目中，電臺突然宣布國王古斯塔夫已經與世長辭，還把這個消息宣布了好幾遍。隨後，電臺才告訴聽眾這個消息是在開玩笑。當時，一些聽到廣播的民眾最初都以為消息是真的，後來很快得知電臺竟然開如此過火的玩笑，都感到十分氣憤。瑞典王室對此也非常不悅，王室女發言人凱薩琳表示：「我們已經通知電臺和電視臺的主管機構，請他們認真調查這件事情。」而且她透露，王室下一步將起訴不負責任的瑞典電臺。

人生如若沒有了幽默的調劑，那一定活得很累。玩笑也是人生中的一種智慧、一種藝術、一種境界，但並不是人人都能夠遊刃有餘地使用這件利器。

玩笑不宜隨意揮霍，否則就會從珠玉變為糞土；玩笑不是一個筐，不能什麼都往裡面裝。要讓玩笑變得巧妙，別讓它變成言語裡的敗筆。如果不能把握尺度，最好的辦法，就是永遠不要把玩笑放在嘴邊。

一個玩笑要當事人覺得好笑幽默，才叫「開玩笑」，當事人不願意還硬要開玩笑，叫做無理和冒犯。

PART 6

自然而然的友情，才是最好的距離

與人交往會不斷豐富我們的閱歷，
提高我們的生活能力。
不僅如此，把恰當的人聚集在自己的身邊，
在很多情況下，
能助我們成就偉業。

Have friends.
廣交朋友

A friend is a second self. Every friend is good and wise for his friend: between them everything turns to good. Everyone is as others wish him; in order that they may wish him well, he must win their hearts and so their tongues. There is no magic like a good turn, and the way to gain friendly feelings is to do friendly acts. The most and best of us depend on others; we have to live either among friends or among enemies. Seek someone every day to be a well-wisher if not a friend; by and by after trial some of these will become intimate.

好友是你的另一個生命。你的價值他說了算。只有當他們真心對你有好感時才會說你的好話。沒有什麼比幫助一個人更能打動他；贏得友誼的最好方式就是當一個自己喜歡的朋友。人生在世總離不開與人相處。你要不是和朋友相處，就是與敵人為伴，除此之外別無選擇。因此，你應該每天都結交一些希望你好的人——即便無法成為你傾吐衷腸的密友，至少也能成為你的支持者。慎選益友，他們將是你終生都可以信賴的人。

真正的朋友，是看穿
彼此的脆弱與不堪，
仍用力地去擁抱對方。

朋友是你的另一個生命

朋友是你的另一個生命。當你和他們在一起時，一切都會變得順遂。每天都贏得一個朋友，如果他不能成為你傾吐衷腸的密友，至少也能成為你的支持者。慎選益友，他們將是你終生都可以信賴的人。

友誼是慷慨和榮譽的最賢慧的母親，是感激和仁慈的姐妹，是憎恨和貪婪的死敵，它時刻都準備捨己為人。

友誼的重要性毋庸置疑。首先，誠摯的朋友必將成為你人生的後盾，在你高興時與你分享快樂，在你悲傷時與你分享痛苦，在你得意時衷心地祝福你，在你失意時伸出援手。有人這樣感歎：人生得一知己，足矣！物理學家愛因斯坦說：「世間最美好的東西，莫過於有幾個有頭腦、心地都很正直的、嚴正的朋友。」友誼的珍貴令許多智士為之感慨。

歌德與席勒是德國文學史上的兩顆巨星，又是一對良師益友。雖然歌德和席勒年齡相差十幾歲，兩個人的身世和境遇也截然不同，但共同的志向讓兩人的友誼長青。他們相識後，合作出版了文藝刊物《霍倫》，共同出版過諷刺詩集《克賽尼恩》。席勒不斷鼓舞歌德的寫作熱情，歌德深情地對他說：「你使我以詩人的身分復活了。」

在席勒的鼓舞下，歌德一氣呵成，寫出了敘事長詩《赫爾曼和竇綠蒂亞》，完成了名著《浮士德》第一部。這時，席勒也完成了他最後一部名著《威廉・泰爾》。席勒死時，歌德說：「如今我失去了朋友，我的存在也喪失了一半。」二十七年後，歌德與世長辭，他的遺體和席勒葬在一起。

人們為了紀念歌德和席勒以及追念他倆之間的友誼，樹立了一座兩位偉人並肩而立的銅像。這座銅像見證著他們的友誼，也告訴人們：人與人相互依靠、相互扶助時，所擁有的力量將突破時空的界限。

在友誼面前，許多事物都會失色，擁有真摯友誼的人，生活即使過得再苦，也能夠得到快樂。

很久以前，在異鄉漂泊的風雨中，兩個有著相同經歷的窮人相遇了。他們朝夕相處，情同手足，相互扶持。有一天，為了各自的夢想，他們不得不分道揚鑣。

一個窮人對另一個窮人說：「如果現在我有錢，我最想給你買件禮物留作紀念。」另一個窮人也無限感慨地說：「或是我們有一件隨身物品相互交換也好，那麼，我們便可以時時刻刻感覺到對方的存在。」

可他們什麼也沒有。然而就在那個秋意漸濃的午後，他們終於交換了一件禮物，各自心無遺憾地上路了，他們交換了彼此的名字。

友情真正的動人之處不在於它的中間摻雜了多少利益，而在於它所顯現的真摯和誠懇會安撫人們煩躁的心靈，淨化人們的靈魂。正所謂君子之交淡如水，沐浴在君子友誼之中的人，能夠突破虛偽與沉湎，變得更加理智和深沉。

音樂大師舒伯特年輕時十分窮困，但貧窮並沒有使他對音樂的熱忱減少一絲一毫。為了去聽貝多芬的交響樂，他竟然不惜賣掉自己僅有的大衣，這份狂熱令所有的朋友為之動容。

一天，油畫家馬勒去看他，見他正為買不起作曲的樂譜而憂心忡忡，便不聲不響地坐下，從包裡拿出剛買的畫紙，為他畫了一天的樂譜線。

當馬勒成為著名畫家的時候，弟子問他：「您一生中對自己的哪幅畫最滿意？」馬勒不假思索地答道：「為舒伯特畫的五線譜。」

真正的友情並不受事業、禍福和身分影響，不依靠經歷、地位和處境，

做心懷善意的人，結交溫暖踏實的朋友。

它的本質上拒絕功利、拒絕歸屬、拒絕契約，它是獨立人格之間的互相呼應和確認。所謂朋友，就是互相使對方活得更加溫暖、更加自信、更加舒適的人。

沒有朋友，你只能與寂寞、孤獨和失敗為伍，相信人人都不想如此。

Know how to Appreciate.
學會欣賞他人

There is none who cannot teach somebody something, and there is none so excellent but he is excelled. To know how to make use of every one is useful knowledge. Wise men appreciate all men, for they see the good in each and know how hard it is to make anything good. Fools depreciate all men, not recognising the good and selecting the bad.

一個人總能在某一處上勝過別人，而在這一處上又總會有更強的人勝過他。學會欣賞每個人會讓你受益無窮。智者尊重每一個人，因為他知道人各有其長，也明白成事不易。愚蠢之人喜歡貶低他人，他們往往不會看出他人的優點，只會挑剔缺點。

誰要求沒有缺點的朋友，誰就沒有朋友！

友誼最怕苛求的摧殘

每個人總能在某方面強過他人，而這個領域內勢必又有比他更強的人。學會欣賞每個人的優點，能讓你受益無窮。智者尊重每一個人，因為他知道人人各有長才，也明白成事不易。傻瓜則鄙視他人，一半出於無知，一半也是因為他所中意的總是最差的。

人人渴求完美，但完美卻又是不可能的事。因此，學會對世界上任何事物都不苛求，特別是自己身邊的家人和朋友，這可凸顯你的胸襟過人。

馳名於世的《包法利夫人》作者是十九世紀法國批判現實主義作家福樓拜，他的家在摩里略鎮，這裡是同時代法國作家龔固爾、都德、莫泊桑、梅里美等利用星期日經常聚會、討論的地方。

後來，福樓拜家的客廳裡又多了一個新面孔，他就是被稱為「小說家中的小說家」的屠格涅夫，他的小說語言純淨優美，結構簡潔嚴密。作品充滿詩意的氛圍和淡淡的哀愁，給人無盡的回味。《最後一課》的作者都德見到了僑居法國的屠格涅夫後，向他傾訴了自己對他的才華、人品的無限仰慕及對《獵人筆記》的高度讚賞。

自此，二人結下了深厚的友誼，屠格涅夫成了福樓拜家裡的常客。然而，屠格涅夫並不因為他們之間的友誼而改變對都德著作的評價。在他看來，都德是他們圈子裡「能力最弱的一個」，但他只把這個看法視為內心的一個祕密寫進日記裡。

一八三三年，屠格涅夫因脊髓癌病逝了。當都德無意間發現了這個祕密時，感到萬分意外，就像迎頭挨了一記悶棍似的，他感慨地說：「我始終記得他在我的家裡，在我的餐桌上，怎樣溫柔熱情地吻著我的孩子們，我還收藏著他寫給我的無數親切溫暖的信件。但在他的那種和藹的微笑下卻隱藏著這樣的意念。天哪！人怎麼這麼奇怪？希臘人的所謂『冷酷』兩字是多麼的真實！」

友情的突然幻滅必然使都德感到傷心，但屠格涅夫的做法也沒有錯。屠格涅夫只是將友情和作品分離了，他對都德有情，僅僅是不滿意他的作品，所以才在日記裡寫下那樣的話。如果不是為了友誼，屠格涅夫也許早就和都德絕交，並且互相攻擊。

能力和才華不是選擇朋友的最高標準，只要投緣，只要夠朋友，這些就顯得不重要了。人無完人，再好的朋友也不可能讓你處處滿意。懂得拋開朋友的缺點，熱愛他的優點，這才是正確的交友方法。其實，都德如果能把屠格涅夫的做法看做是對自己的激勵，他對友誼也不至感到如此失望。又或者，都德把屠格涅夫的表裡不一看做是朋友的一個缺點，並對此包容或淡視，那麼他仍將保有這份得來不易的友誼。

由此可見，無論都德還是屠格涅夫，他們的心胸都並非人們想像中的寬廣，所以他們的友誼面對的便是失敗。而世界上最持久的友誼，都是用彼此包容來維持的。

十全十美的人並不存在，如果你對身邊的人不滿，也不宜讓他們知曉，畢竟友誼最怕苛求來摧殘。你如能寬容坦蕩地看待對方的一切，這將是你的明智所在。不過，一旦你的不滿被對方發現時，也不妨坦然面對，或許你真誠的批判能得到朋友的諒解。如果對方承受不了，這只能說明對方的胸懷不夠寬廣，你無法改變這個事實。畢竟，友誼是雙向認可的，任何一方的單向努力，都不足以撐起一段君子之交。

當你懂得欣賞別人，你才真正高人一等。

Comprehend their dispositions with whom you deal.

識人不要出錯

Cause known, effect known, beforehand in the disposition and after in the motive. The melancholy man always foresees misfortunes, the backbiter scandals: having no conception of the good, evil offers itself to them. A man moved by passion always speaks of things differently from what they are; it is his passion speaks, not his reason. Thus each speaks as his feeling or his humour prompts him, and all far from the truth. Learn how to decipher faces and spell out the soul in the features. If a man laughs always, set him down as foolish; if never, as false. Beware of the gossip: he is either a babbler or a spy.

知道事情的原因，才能明瞭事情的結果。先知道他的性情，才知道他的動機。個性憂鬱之人只會看到不幸，喜歡背後誹謗之人只會聽到流言蜚語，他們總是看不到善的一面，因此把可能存在的邪惡視為必然。受情緒支配的人，說話總是有失偏頗，這是他們心中只有激情沒有理智。可見，每個人都是根據自己的感覺和脾氣來表達看法，以致都遠離事實。你應該學會看人臉色，洞察真意。常笑不止的人是傻瓜，不苟言笑的人是偽君子。對於那些不斷向你提問的人要有所警惕。他們不單是問得太多，就是存心找碴。

友誼也要懂斷捨離，只要擁有真心相交、相處自在的朋友，足矣！

小人之交苦不堪言

了解你所交往對象的性格，才能知曉他們的意圖。對於圖謀不軌者，你應當了解，他們善於隱藏自己的真實動機，對於他們的陰謀詭計一定要小心識破。為了使陰謀得逞，他們往往要聲東擊西，表面的讓步，千萬不可輕信鬆懈。

雖說人人生而平等，但這只是從自然屬性和社會屬性而論，並不包括人格上的區別。從智慧、性格、能力等方面看來，人是分三六九等的，特別是從人性上，最能區別人與人之不同。世界上有好人就會有壞人，沒有人能夠否認身邊存在著卑鄙小人，對那些另有所圖者，人們更是防不勝防，不能犯輕信的毛病。

生活中有美好存在，就免不了出現醜惡。複雜社會中的善良人們，對此不能不提高警覺。防人之心是一種防守性的自衛心理，包含了應有的敏銳警覺和冷靜思考。

自古因輕信於人犯錯的不少，不同的是，有的人因輕信吃了小虧，有的人因輕信上了大當；有的人因輕信而「吃一塹，長一智」，接受教訓，日後能避免重蹈覆轍；有的人「屢教不改」，一再輕信他人，付出了慘痛的代價。

在現代物質世界中，行奸詐騙者有之，上當受騙者則更多，其中一個很重要的原因，就是遇事缺乏深思熟慮，只見「餌」不見「鉤」，隨便輕信他人。

許多受到欺騙的人用切身經歷向人們訴說一個道理：如果在此之前能做到不輕信、反覆思考，謹慎行事，遇事多問幾個為什麼，真正地做到三思而行，至少能幫自己降低一半以上的受騙機率。

如今小人、騙子到處存在，行騙之術千奇百怪，輕信任何人事物，都是幼稚的表現，只有慎思才是成熟的做法。我們不能對一切都表示懷疑，然而相信一切則過於天真。

我們不要輕信一些甜言蜜語。人們最喜歡聽到讚美，儘管有時作出拒絕奉承的姿態，可是讚歌入耳，心裡仍然甜絲絲的，神經都會酥麻如觸電。很多時候，某些人絞盡腦汁說出動聽的話，只因他們對你有所求，當你輕信讚美的時候，你的心將不再設防，對方也就能夠輕易地達到目的。

不要相信那些輕言承諾的人。各種各樣的許願、承諾、契約，司空見慣，如過眼雲煙。回想一下那些拍胸脯答應你的事，究竟兌現了多少？如果你真的輕信這些沒有分量的許諾，抱著幻想坐等對方實現承諾，結果只會耽誤時間，浪費生命。

拿出十二分的警惕來，假若你不想誤食誘餌，有朝一日躺在人家砧板上任人魚肉的話，就須謹慎、再謹慎一些，遠遠避開那些圈套和陷阱。

小人的存在總是無形的，而正直者常在光天化日之下淪為被蠶食的目標。我們在與人交往時，特別是面對那些主動接近我們的人，一定要仔細揣度對方心意，以防掉入人性的陷阱。

不管在哪都一定會遇到跟自己不對盤的人，而那些人絕對不會改變。

Select your Friends.
交友要慎選

Though this is the most important thing in life, it is the one least cared for. Intelligence brings friends to some, chance to most. Yet a man is judged by his friends, for there was never agreement between wise men and fools. At the same time, to find pleasure in a man's society is no proof of near friendship: it may come from the pleasantness of his company more than from trust in his capacity. There are some friendships legitimate, others illicit; the latter for pleasure, the former for their fecundity of ideas and motives. Few are the friends of a man's self, most those of his circumstances. The insight of a true friend is more useful than the goodwill of others: therefore gain them by choice, not by chance.

交友是人生第一要事，但世人對此並不上心。只有少數人會用聰明智慧擇友，大部分人多是純靠機遇來交友。人們會根據你的交友判斷你的為人，因為智者永遠不會與傻瓜有共鳴。樂與某人交往，並不意味著他們是知己，可能只是喜歡與之為伴時的快樂，但未必欣賞其才能。有的友誼不夠純潔，只是為了娛樂；有些友誼真摯，能拓展思維，催人向上。一個人的知己極少，大多數只是迫於環境的泛泛之交。眾人的友好往往還抵不過一個摯友的真知灼見。因此，交友要精挑細選，而不是隨意結交。

只會對你甜言蜜語的朋友，比不上給你當頭棒喝的毒舌閨蜜。

交際王的煉成術

有的朋友需近處，有的則需遠交。交友不宜只圖快樂，也要講求實用。良友難遇，如不挑選則更難求。交友當尋可長久之友，因為他們歷久常新，你能與之共用生活的美好。沒有朋友的人生是一片荒原。友誼使歡樂加倍，痛苦減半；它是應對厄運的不二良方，是滋潤人心的美酒。

人的一生不一定要有很多朋友，卻一定要有一位或幾位知己，這些經得住時間考驗的老朋友，會在你失意時伸出雙手。而有些人甚至會在你患難時，將你拋棄，甚至是落井下石，使你深受其害。

很久以前，有一個仗義之士，廣交天下豪傑。臨終前對他兒子說：「別看我自小在江湖闖蕩，結交的人如過江之鯽，其實我這一生就交了一個朋友，其他都不值一提。」

兒子納悶不已。父親就貼耳交代了一番，然後對他說：「你按我說的去見見我的這些朋友，朋友的含義你自然就會懂得。」

兒子先去了他父親認定的「朋友」那裡，對他說：「我是某某的兒子，現在正被朝廷追殺，情急之下投身於你，請予以搭救！」這人一聽，不假思索，趕快叫來自己的兒子，喝令兒子速速將衣服換下，穿在了眼前這個並不相識的「朝廷要犯」身上，卻讓自己兒子穿上了「朝廷要犯」的衣服。

兒子又去了父親的其他幾個「朋友」家。這些人平素與父親稱兄道弟，親如一家，可當他們弄明白兒子的來意時，都嚇得面色如土，找藉口溜走了事。

兒子終於明白了，真正的朋友是能夠在你最危急的時刻伸出援手的那個人，而那些在你春風得意之時與你交好的人，往往會在緊要關頭棄你於不顧。這個社會上，朋友也分「三六九」，如果把虛情假意的人當做真心朋友，總有一天會受到傷害。更可怕的是，如果僅僅只是虛情假意倒也罷了，怕的是誤交損友，那後果將更嚴重。真正的好朋友，在你得意的時候，只有邀請才來；在你失意的時候，會不請自來。

中國有句俗話說：「君子之交淡如水，小人之交甘若醴。」和君子交往，在淡然中體會情深；與小人交往，在甜言蜜語中迷失自我，被陷害了猶不自知。如果沒有識人的明智，交友就更需要謹而慎之。每個人都有缺點和不足之處，有些缺點是可以原諒和寬容的，有些缺點卻是不可原諒的，特別是若涉及人的本質問題，更是不可掉以輕心。本質有問題的人切不可交。

與人交往應有所區別：與可師者為伍，與豪傑者結交，與有原則者結識，與走運者相持；勿與令你才華失色的人為友，勿信主動靠近你的人，勿與比你強大的人分享祕密，勿成大人物的炮灰。

生活本身是藝術，而交朋友則是這門藝術下所屬類別。交友如同畫畫，有些畫是素描，有些畫是油畫，有些畫寫實，有些畫是印象派。畫法有所不同，交友亦應有所區別。不必非要對你的朋友一視同仁，由於每個人性情不同，有的人能為朋友兩肋插刀，有的人只有在不損害自己利益的前提下才為朋友著想，還有的人會為了自身利益插朋友兩刀。所以，你必須把朋友分出層次和主次。

一個被稱作交際王的人物，可以讓朋友與自己共同快樂和悲傷，可以在被小人損害了利益時憑藉自己的能力和朋友的幫助予以還擊。交友之道的奧妙，需要人們用一生來體會，最重要的一點就是靈活、不死板。

年輕時，我們掏心掏肺想融入每一個團體；到了一定年紀後，我們開始珍惜和老朋友相處的時間，把時間留給合得來且值得的人。

Be all things to all men a discreet Proteus.
調整自我，投人所好

Be all things to all men—a discreet Proteus, learned with the learned, saintly with the sainted. It is the great art to gain everyone's suffrages; their goodwill gains general agreement. Notice men's moods and adapt yourself to each, genial or serious as the case may be. Follow their lead, glossing over the changes as cunningly as possible. This is an indispensable art for dependent persons. But this savoir faire calls for great cleverness. He only will find no difficulty who has a universal genius in his knowledge and universal ingenuity in his wit.

做一個達權善變，言行得體的普洛特斯（是希臘神話中的海神，他能任意改變自己的外形）。與學者相交，談吐之間應顯示出自己的學識；與聖人相交，行為舉止應顯得品德高尚。這是博取他人支持的祕訣，他們會因為對你的好感而贊同你的一切。留意人們的心情，調整自己，親切或者嚴肅，視情況而定。要順著對方的情緒走，察言觀色。當你有求於人，這點更是重要。只是，這一處世技巧對人的聰明程度要求很高，只有博聞強識、靈活智巧的人才能運用自如。

看人不要太片面，那都是偏見。

心隨精英、口隨大眾的明達者

做人應達權善變，言行得體。與學者相交，談吐之間亦應顯示出自己的學識；與聖人相交，行為舉止也應顯出高尚品德。即便你是個行事穩重的人，調整自我以適應他人也是一條很有用的處世原則。不要輕易和他人斷絕往來，否則將使你的名譽受損，更會令你樹敵。心隨精英，口隨大眾，才是明達之人。

古希臘哲學家畢達哥拉斯曾說：「要這樣生活：使你的朋友不致成為仇

人，而使你的仇人成為你的朋友。」在哪裡找到了朋友，你就在哪裡重生，而在哪樹立了敵人，你就在哪跌倒；朋友一千個還嫌少，而敵人一個也嫌多；來自朋友的一個溫柔的目光、一句由衷的話語，能使你忍受生活的多重磨難，而來自敵人的怨恨則能讓你如坐針氈，原本絢爛的生活也會因此黯然失色。

人情冷暖，世事無常，多個與你為友的人就多條路，多個與你為敵的人就多堵牆。人類在相互交往中尋求著安慰、價值和保護，正是這種星羅棋佈的關係使人們不至於獨自與這個世界抗爭。換句話說，人正是靠彼此互助才得以生存，即便是流落荒島的魯賓遜也有一個名叫「星期五」的夥伴，更何況身處競爭激烈、充滿喧囂與紛爭的社交圈中的我們？

人往往喜歡與自己志趣脾氣相投的人接近，同樣也會遠遠地躲開那些自己不喜歡、不願意與之打交道的人，但很多時候又不得不與自己不甚喜歡的人共事……善於調整自己，能與自己並不喜歡的人相處，這樣的人才是強者。每個人都有自己的長處，你不喜歡的人並不等於沒有優點，其人格也不一定就有問題，或許你還能從他們身上學到本領，來充實自己。要學會拋開一己成見，放開心胸，以誠待人。能和不喜歡的人相處，是一種處世技巧，更是一種智慧。

哈蒙從耶魯大學畢業後，又在德國弗萊堡攻讀了三年。畢業回國後他去找美國西部礦業主哈斯托。哈斯托是個脾氣執拗、注重實踐的人，他不信任那些文質彬彬專講理論的礦務工程技術人員。

當哈蒙向哈斯托求職時，哈斯托說：「我不喜歡你的理由就是因為你在弗萊堡做過研究，我想你的腦子裡一定裝滿了一大堆不切實際的傻子理論；因此，我不打算聘用你。」

這時，哈蒙假意求饒，他告訴哈斯托：「如果你能保守祕密，不將消息讓我父親知道，我就跟你說實話。」哈斯托表示同意守約。哈蒙便說道：「其實在弗萊堡時，我什麼也沒學到，我盡顧著工作，以便多掙點錢，多積累點實際經驗……」

哈斯托聽完立刻哈哈大笑，連忙說：「好！這樣好！我就需要你這樣的人，那麼，你明天就來上班吧！」

聰明的人在與不喜歡的人相處時，或是在面對不同意見時，會做些小「讓步」。每當爭執發生，他們總是會想：關於這一點，能否做一些讓步而不損害大局呢？因此，無論在什麼時候，與不喜歡的人相處，應付別人反感的唯一方法，就是在小地方讓步，以確保大局取勝。

能調整自己適應他人，並不表示你是個沒有原則的人，反而更能證明你的大度和審慎。讓步並不代表妥協，而是為了贏取更大的勝利。在各種情況下，與不喜歡或不相投的人平和相處，這就是睿智。世界如此之大，誰能保證一定斷絕與那些不投機者發生聯繫呢？一旦你需要這些人相助時，若能因事先已與他們打好關係，對你來說也就多了一個問題的解決之道。

那些我們不該得罪的人，有些可以為我們所用，還有一些則是不可沾惹。在後者的面前，我們如果表現出明顯的厭惡，容易為自己惹來不必要的麻煩。中國的古語有云：「寧得罪君子，不得罪小人。」這句話是不無道理的。

學會見機行事，也是種成長和能力證明。

WELLS FARGO
Van Ness Ave., California
51
& Market
Streets

Never Exaggerate.
不要言過其實

Exaggeration is a prodigality of the judgment which shows the narrowness of one's knowledge or one's taste. Praise arouses lively curiosity, begets desire, and if afterwards the value does not correspond to the price, as generally happens, expectation revolts against the deception, and revenges itself by under-estimating the thing recommended and the person recommending. A prudent man goes more cautiously to work, and prefers to err by understatement than by overstatement. Extraordinary things are rare, therefore moderate your valuation. Exaggeration is a branch of lying, and you lose by it the credit of good taste, which is much, and of good sense, which is more.

誇大是種不明智的浪費。說話誇大其辭，只會暴露你知識和品味的欠缺。讚美之詞引來人們的好奇心，好奇心又滋生欲望。當人們發現你言過其實，會感覺受到愚弄，易心生報復，將讚美者和被讚美者一起貶低下去。因此，謹小慎微之人在評價事物時總是很謹慎，寧可言之不足，也不誇大其辭。真正的卓越非凡十分罕見，因此，不宜濫下褒辭。誇大其辭近乎說謊，會危及自身聲譽，也會詆毀別人對你言論的信任。

談話讓別人舒服的程度，決定你的高度！說話直接不是藉口。

語言、行為巧妙結合下的交際達人

說話得體，辦事完備。前者顯示完美的頭腦，後者顯示完美的心靈，二者皆產生於卓越。讓你的盛名在行為中延續，別讓它在不經思考的言論中消亡。

社交語言既包括言語本身，又包括行為舉止。如果你是個善於談吐的人，能夠輕易讓別人在你的舌燦蓮花下臣服，但在行動力或者舉止上你卻總是有所失誤，這將會損害你的名譽和前程。

艾斯蒂・勞達擁有幾十億美元的化妝品王國。艾斯蒂出身貧窮，並沒有受過多少教育。最初，她以推銷叔叔製作的護膚膏起家。為了使自己的產品能夠多銷售一些，她不得不走街串巷。後來，她決定將產品定位在金字塔頂端。可是，起初她的推銷卻沒有什麼效果。後來，她終於忍不住問一個拒絕購買產品的客戶：「請問，您為什麼拒絕購買我的產品呢？是我的推銷技巧有什麼問題嗎？」

那位女士道：「不是技巧有問題，推銷哪裡需要什麼技巧，如果我覺得你在展示技巧，我就會將你趕出去。是你這個人不行，你根本就是一個品味低階，讓我怎麼相信你的產品就高檔精緻呢？」

這位女士的話中明顯帶有對艾斯蒂・勞達的輕視汙衊，但聰明的勞達卻興奮異常，她認為自己找到了問題的關鍵：那就是產品若是高檔，首先銷售人員本身也得要先顯露出高貴的格調。她明白，換作是自己也會這麼認為，若推銷人員本身的level不高，自己也確實會懷疑產品的品位與價值。於是，她決心對自己的形象進行精心改造、包裝。她模仿富貴名門和上層婦女，像她們一樣穿著打扮，模仿她們的舉止。另外，她注意培養自己的自信，讓整個人看上去魅力四射。慢慢的，越來越多的人買下了她推銷的產品。從此，她的事業一發而不可收，直至建立化妝品王國。

作為推銷員的艾斯蒂並不是不精通語言藝術的人，但她的穿著和舉止卻暴露了她對化妝品認識的淺薄。一個不會打扮自己的人，又如何告訴別人她的化妝品能夠讓人精神煥發呢？

語言或行為所散發的魅力是其他任何東西都無法取代的。一個衣冠不整、邋邋遢遢的人和一個裝束典雅、整潔俐落的人，或者一個衣著得體又能言善道的人和一個衣冠楚楚卻口不擇言的人，當他們具備了其他相同的條件，唯獨在這兩方面有所不同時，若去辨同一件事情，其結果應該是顯而易見的。

無論古今，許多大名鼎鼎的人物，都是言行舉止得體之人，他們的一言一行、舉手投足都折射出無限的魅力，使眾人為他們癡迷，並極力效仿他們的行為。他們的盛名在其談吐、舉止下得以遠播，對於有損形象的言行自會避免，防範自己做出愚蠢的舉動。

我們不求盡善盡美，但求才華出眾，那麼首先要做的便是德行上的修煉，其次就是言行得體，而後者正是前者修煉成功的延伸表現。

一句無心的諷刺會讓人一蹶不振，一句真的的「你可以的」，反倒能給人一劑強心針。

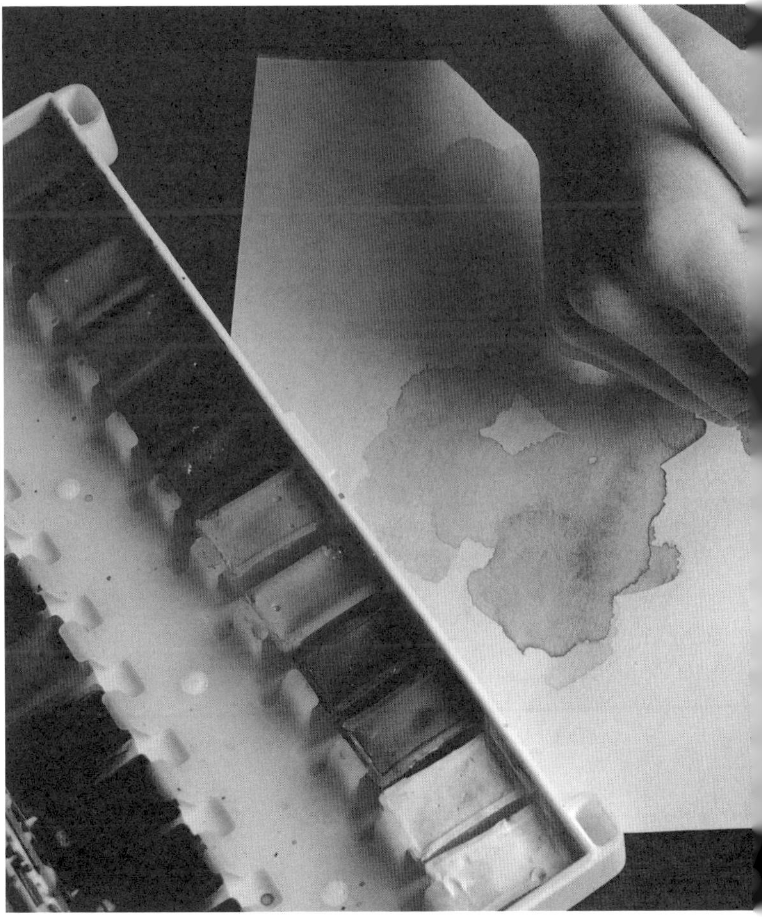

國家圖書館出版品預行編目資料

慢讀智慧書 / 劉名茵編著．——初版——新北市：晶冠出版有限公司，2022.08
面；公分．——（智慧菁典系列；26）

ISBN 978-626-95426-5-9（平裝）

1. CST: 格言

192.8 111009212

智慧菁典 26

慢讀智慧書

作　　者	劉名茵
副總編輯	林美玲
校　　對	蔡青容
封面設計	王心怡
出版發行	晶冠出版有限公司
電　　話	02-7731-5558
傳　　真	02-2245-1479
E-mail	ace.reading@gmail.com
facebook	https://www.facebook.com/ace.reading
總 代 理	旭昇圖書有限公司
電　　話	02-2245-1480（代表號）
傳　　真	02-2245-1479
郵政劃撥	12935041 旭昇圖書有限公司
地　　址	新北市中和區中山路二段352號2樓
E-mail	s1686688@ms31.hinet.net
旭昇悅讀網	http://ubooks.tw/
印　　製	福霖印刷有限公司
定　　價	新台幣300元
出版日期	2022年08月 初版一刷
ISBN-13	978-626-95426-5-9